Geldanlage 40 +

Liebe Eris!

Vielen Dank für Deine Unterstützung – in diesem Buch steckt auch ganz viel von Dir.

Christine

Geldanlage 40 +

Wie Sie sicher und intelligent investieren

Christine Schremb

Impressum

Geldanlage 40 +
Wie Sie sicher und intelligent investieren

ISBN 978-3-9823111-0-4 Hardcover
ISBN 978-3-9823111-1-1 Paperback
ISBN 978-3-9823111-2-8 E-Book
Christine Schremb, c/o Schremb,
Luftschiffring 15, 68782 Brühl

Umschlaggestaltung und Cover: Jule Hopfer
Lektorat und Korrektorat: Erdmuthe-Annika Eben, M.A.

Bibliographische Information der Deutschen Nationalbibliothek:
Die Deutsche Nationalbibliothek verzeichnet diese Publikation in der Deutschen Nationalbibliographie; detaillierte bibliographische Daten sind im Internet über dnb.dnb.de abrufbar.

Inhaltsverzeichnis

Vorwort

Warum funktionieren Geldtipps von guten Freunden im Allgemeinen nicht? Weil sie für gewöhnlich ein „todsicheres Anlageprodukt mit unschlagbarer Rendite“ empfehlen. In das meint der Angesprochene sofort investieren zu müssen, um noch von der vermeintlich außergewöhnlichen Entwicklung des Produkts zu profitieren. Die Freunde haben sicherlich die besten Absichten. Jedoch wecken sie mit solchen Tipps ein schier unkontrollierbares Gefühl: die Gier. Sie verführen so zu einer emotionalen anstelle einer durchdachten Entscheidung. Eher ist der „Beratene“ letztendlich frustriert, als dass er Mehreinnahmen verzeichnen könnte.

Warum führen sehr viele Investmentberatungen nicht zu dem von Privatanlegern gewünschten Ergebnis? Weil die meisten Berater ihre eigenen Interessen oder die ihres Arbeitgebers verfolgen und ihren Kunden nur eine eingeschränkte Auswahl[1] an Anlagemöglichkeiten vorstellen. Hier können Anlagewillige zwar eine bewusste Entscheidung treffen, jedoch ohne alle relevanten Optionen zu kennen. Vielleicht treffen sie aufgrund eines „komischen Gefühls“ auch gar keine Entscheidung und legen das Thema zunächst oder gar für unbestimmte Zeit auf Eis. In beiden Fällen ist eine Enttäuschung wahrscheinlicher als ein zusätzliches Einkommen.

Jenseits solcher Tipps von guten Freunden und der vom Eigeninteresse des Gegenübers geprägten Beratungen empfehle ich Ihnen in allen Fragen rund um Ihr Geld den einzigen

---

[1] Brigitte Wallstabe-Watermann u. a.: Anlegen mit ETF. Geld bequem investieren mit ETF und Indexfonds, hrsg. v. Stiftung Warentest, Berlin 2020, S.147.

Experten, der zu 100 % Ihre Interessen vertritt und dem Sie voll und ganz vertrauen können: Sie selbst.

Am Anfang meiner Karriere habe ich Geschäftsführer dabei unterstützt, profitables Unternehmenswachstum zu erreichen. Später übernahm ich diese Verantwortung selbst. Als Privatanlegerin habe ich alle Fehler gemacht, die man machen kann. Ich habe auf Tipps gehört und Geld verloren, weil ich den Ausstiegszeitpunkt verpasst habe. Ich habe mich beraten lassen und Fonds gekauft, deren Gebühren die Rendite überstiegen. Schließlich habe ich mein Geld auf einem Tagesgeld-Konto geparkt und mich auf das Beobachten der Kursbewegungen am Aktienmarkt beschränkt. Ich habe die Berichterstattung in den Medien verfolgt und die Fachliteratur studiert. Ich wollte unbedingt die Zusammenhänge verstehen, denn ich war davon überzeugt, dass es auch für Privatanleger eine sichere und intelligente Anlagestrategie geben muss. Darunter verstehe ich eine Vorgehensweise, die zur persönlichen Situation des Investors passt und nur einen kalkulierbaren Aufwand an Zeit und Energie von dem Anleger fordert.

Die Strategie, die ich für mich erarbeitet habe, präsentiere ich in diesem Buch. Ich teile meine Erfahrungen und Erkenntnisse mit meinen Lesern, weil ich sie dabei unterstützen möchte, ihr Geld mit einem guten Gefühl sicher anzulegen.

Ich richte mich an Leser, die in der Mitte ihres Lebens stehen, deren Anlagehorizont zeitlich begrenzt ist und die über wenig freie Zeit verfügen. Obwohl das Thema "Geldanlage" nicht Ihre oberste Priorität hat, sind Sie sich der Bedeutung dessen für Ihre Zukunft bewusst und wollen sich bestmöglich um Ihr Geld kümmern.

Dabei ist es unerheblich, ob Sie bereits Erfahrungen mit dem Thema gesammelt haben. Auch der Betrag, der Ihnen heute zum Investieren zur Verfügung steht, ist nicht entscheidend. Ich zeige

Ihnen eine Methode, die Sie mit und ohne Vorkenntnisse und -erfahrungen, mit überschaubaren freien Mitteln anwenden können und mit der Sie selbst zum Experten für Ihre Finanzen werden.
Ich ermutige Sie dazu, Investitionsentscheidungen auf Basis Ihrer Werte, unter Beachtung Ihrer finanziellen Ausgangslage und im Hinblick auf Ihre Ziele zu treffen – sowie auch zeitnah umzusetzen.
Damit das gelingt, zeige ich Ihnen, wie Sie Ihre Persönlichkeit so ausrichten, dass sie Sie in Ihrem Vorhaben Vermögensaufbau und Altersvorsorge unterstützt. Auf dieser Basis wird es Ihnen leichtfallen, in Zukunft mehr gute als weniger gute Geldentscheidungen zu treffen.
Aus sorgfältig ausgewählten aktuellen Fachinformationen präsentiere ich Ihnen die wenigen, für Ihre zukünftigen Investitionsentscheidungen wirklich wichtigen Zusammenhänge.
Daraus leite ich eine effektive Vorgehensweise ab, die Ihnen eine individuelle und stressfreie Investition am Kapitalmarkt ermöglicht.
Mit „Geldanlage 40 +" biete ich Ihnen einen pragmatischen Ansatz, mit Schritt-für-Schritt-Anleitungen und Übungen für eine leichte Umsetzung. Ich freue mich darauf, Sie auf diese Weise bei Ihrem persönlichen „Geldanlage 40 +" - Projekt zu unterstützen.

Einleitung

Was bedeutet Geld für Sie? Betrachten Sie es als Zahlungsmittel oder als Ihren Einsatz im Spiel Ihres Lebens? Welche Gefühle löst der Gedanke an Geld bei Ihnen aus? Haben Sie Ihre Finanzen im Griff und strahlt dieses Selbstvertrauen in Ihre anderen Lebensbereiche aus? Sind Sie damit zufrieden, wie Sie es heute und für Ihre Zukunft einsetzen?

Geld ist ein anerkanntes Tausch- und Zahlungsmittel. Genügend Geld zu haben, ist wichtig für ein entspanntes Leben. Es bietet Sicherheit sowie die Befriedigung der Bedürfnisse nach Selbstbestimmung und Unabhängigkeit. Es ist ein Ausweis von Erfolg.

Jeder Mensch benötigt eine ausreichende Menge an Geld, um seinen Lebensunterhalt bestreiten zu können.

Verdient wird das Geld in der Regel im Alter zwischen 17 und 67 – mit unselbstständiger Arbeit. Jedoch haben zunehmend mehr Erwerbstätige das Bedürfnis, sich aus dem Angestelltenverhältnis und somit aus der (finanziellen) Abhängigkeit zu befreien. Sie suchen deshalb nach anderen Einkommensquellen.

Doch nicht nur für die Bevölkerungsgruppe, die nach Alternativen zur Festanstellung sucht, besteht die Notwendigkeit, sich mit dem Thema Geld zu beschäftigen. Die Menschen, die mit ihrem Job und den Verdienstmöglichkeiten zufrieden sind, stehen ebenfalls vor der Herausforderung, ihren Lebensstandard auch nach dem Ende ihres Arbeitslebens halten zu können, also für durchschnittlich weitere 20 Jahre.

Eine andere Perspektive nehmen Menschen ein, die Geld mit Erfolg gleichsetzen. Sie begreifen Geld als Ausdruck ihrer Kreativität und der Fähigkeit zur Wertgenerierung. Menschen, die sehr viel Geld besitzen, sind in unserer Gesellschaft hoch angesehen.

Warum streben Sie nach Geld?

- ❑ Welchen Wunsch möchten Sie sich mit dem zusätzlichen Einkommen erfüllen?
- ❑ Welches Problem wollen Sie damit lösen?

Und wie wollen Sie dieses Ziel erreichen?

Der klassische Weg, Geld durch zukünftige Einnahmen oder Vermögen zu vermehren, ist die Investition.

> *„Unter einer Investition versteht man den Einsatz von finanziellen Mitteln und/oder (Arbeits-)Zeit in der Gegenwart für die Erwartung eines besonderen Nutzens in der Zukunft. Kennzeichnend ist die langfristige Bindung finanzieller Mittel in materiellen oder immateriellen Vermögensgegenständen."*[2]

Bei einer Investition trifft der Investor die bewusste und fundierte Entscheidung, sein Geld in Immobilien, Gold, ein eigenes Unternehmen oder Aktien anzulegen. Er erwartet, dass sich der Wert seiner Investition in den folgenden Jahren vervielfacht und er Gewinn machen wird.

Eine Investition ist nicht zu verwechseln mit einer Spekulation. Diese basiert in der Regel auf Vermutungen: ein Spekulant kauft oder verkauft, weil er auf einen kurzfristigen, großen Gewinn hofft und geht dafür ein großes Verlustrisiko ein. Spekulativ wäre zum Beispiel der Kauf von Kryptowährungen, wie Bitcoin, ebenso wie der Kauf eines Grundstücks auf dem Mond, in der Erwartung, dass dieser demnächst besiedelt wird.

Der Kauf eines Mietshauses, bestehend aus Wohnungen, die zu 90% vermietet sind, ist ein Beispiel für eine Investition[3].

Auch im Alter von 40 + stehen noch alle Möglichkeiten zu Investieren offen. Wie jüngere Altersgruppen kann diese Klientel

---

[2] Ulrich Pape: Investition, in: Gabler Wirtschaftslexikon (Stand: 15.02.2018), URL: https://wirtschaftslexikon.gabler.de/definition/investition-39454/version-262862 [Abruf: 14.10.2020].

[3] Peter Mallouk: The Path, Accelerating Your Journey to Financial Freedom, New York, 2020, S.239.

klassisch in Gold, Immobilien, Aktien oder sogar in ein eigenes Unternehmen investieren.
Neben persönlichen Präferenzen lassen sich die Anlagemöglichkeiten anhand der Kriterien, zu erwartender Gewinn (Rendite) und mit der Investition verbundene Risiken, bewerten. Ebenfalls nicht zu unterschätzen, ist der für eine erfolgreiche Investition notwendige Zeit- und Geldeinsatz.
Der Immobilienhype ist allgegenwärtig, doch nicht jede Immobilie erbringt Toprenditen. Das Risiko ist sehr hoch, wenn Anleger einen Großteil ihres vorhandenen Kapitals und sogar Geld, das erst noch verdient werden muss, dafür einsetzen. Der Zeitaufwand für zum Beispiel Marktsondierung, Gutachteneinholung zur Bausubstanz, Instandsetzung, Gebäudeverwaltung vor und nach dem Erwerb der Immobilie ist nicht zu unterschätzen.
Der Goldpreis wächst seit einigen Jahren und erreicht in letzter Zeit immer mal wieder sein Allzeithoch. Der Einstieg ist also relativ teuer. Für Anleger, die ausschließlich in Gold investieren, ist zudem der Erfolg der Geldanlage komplett von der Entwicklung des Goldpreises abhängig. Der Zeitaufwand ist dagegen sehr überschaubar.
Ganz im Gegensatz dazu steht der notwendige Einsatz für den Aufbau eines eigenen Unternehmens. Hier muss der Investor mit einem sehr hohen Zeit- und wahrscheinlich auch Kapitaleinsatz sowie einem hohen Risiko rechnen. Mit der Gründung eines eigenen Unternehmens setzt man alles auf eine Karte. Die Rendite hängt von der Entwicklung vieler Faktoren ab und ist deshalb schwer vorhersehbar.
Ein Kriterium ist besonders wichtig für Anleger der Altersgruppe 40 +. Es leitet sich aus dem einen relevanten Unterschied zu jüngeren Investoren ab: die zur Verfügung stehende Zeit, um Gewinne zu erzielen.

Einsteiger 40 + haben maximal 27 Jahre, um Ihr Geld für sich arbeiten zu lassen. Spätestens dann erreichen Sie das Rentenalter. Jüngere Anleger dagegen können je nach Alter bei ausreichender Finanzkraft doppelt so viele Jahre zur Verfügung haben, um zu investieren, nämlich bis zu 54 Jahre.
Das heißt, Anleger im Alter von 40 + haben relativ wenig Zeit, um mögliche Verluste wieder auszugleichen.
Der Sicherheit der Geldanlage oder, anders ausgedrückt, dem Umgang mit Risiken kommt eine besondere Bedeutung zu.

Über wie viel freie Zeit, Energie und Geld verfügen Sie?

- ❑ Wie viel Zeit und Energie können Sie in das Thema Geldanlage investieren?
- ❑ Wie viel Geld steht Ihnen zum Investieren zur Verfügung?

Von den genannten Möglichkeiten bleibt die Investition in Aktien, um Vermögen aufzubauen und für das Alter vorzusorgen. Bei einer Investition in Aktien ist der Zeit- und Geldeinsatz überschaubar. Sicherheit gewinnen Anleger, indem sie das Risiko über Tausende von Unternehmen, Länder und Branchen streuen. Passive Investitionsstrategien erhöhen die Sicherheit dieser Form der Geldanlage zusätzlich.
Der Aktienmarkt ist seit seinem Bestehen gewachsen und hat sich auch in den letzten drei Jahrzehnten sehr gut entwickelt.
Wie erfolgreich ein Geldeinsatz in Aktien sein kann, zeigen folgende Beispiele, basierend auf der tatsächlichen Entwicklung des Aktienmarkts in den letzten 30 Jahren:

Beispiel 1: Sparplan

Investoren, die ab März 1990 200 € pro Monat in ein Portfolio investiert haben, das zum Teil aus Aktien besteht, haben bis zum März 2020 insgesamt 72.000 € investiert und verfügen heute über ein Portfolio im Wert von:

- Bei 100 % Aktien 187.263 €
- Bei 75 % Aktien 165.914 €
- Bei 50 % Aktien 145.471 €
- Bei 25 % Aktien über 123.965 €

Im Vergleich dazu hätte ein Tagesgeldsparen „nur“ 95.281 € erbracht.

Beispiel 2: Einmalinvestition

Ein Portfolio von Anlegern, die im März 1990 schon finanziell in der Lage waren, 100.000 € zu investieren, hätte heute einen Wert von:

- Bei 100 % Aktien 594.617 €
- Bei 75 % Aktien 528.800 €
- Bei 50 % Aktien 455.892 €
- Bei 25 % Aktien 343.739 €

Im Vergleich dazu hätte das Sparen auf einem Tagesgeldkonto „nur“ zu einem Endbetrag von 246.586 € geführt.[4]

Die vorgestellten Investitionen können durchaus als Erfolg bezeichnet werden. Allerdings besitzen trotz dieser überzeugenden Ergebnisse nur etwa 10 % der deutschen Bevölkerung ein Wertpapierdepot, das sie aktiv managen oder managen lassen[5]. Nur diese verhältnismäßig kleine Gruppe kauft und verkauft regelmäßig Wertpapiere, um ein zusätzliches Einkommen zu erzielen und sich ein Vermögen aufzubauen. Die überwiegende Mehrheit der deutschen Bevölkerung lässt diese Möglichkeit ungenutzt.
Circa ein Viertel lebt entweder von der Hand in den Mund oder ist überschuldet. Die größte Herausforderung dieser Menschen ist es, ihre Finanzen so zu regeln, dass die monatlichen Einnahmen (wieder) die Ausgaben übersteigen und ihr Vermögen größer wird als ihre Schulden. Sie müssen also erst die Voraussetzungen zum Investieren schaffen.

---

[4] Annika Krempel: Finanzen verstehen. 100 Infografiken zu Versicherungen, Steuern und Geldanlagen, hrsg. v. Stiftung Warentest, Berlin 2020, S.22, 23. (Beispiel nach der Grafik „Stand: 31. März 2020“ (Quellen: Refinitiv, eigene Simulationen)).

[5] Heribert Wienkamp: Anreiz, Risiko, Ruin. Finanzpsychologie für jedermann, Berlin 2019, S.163.

Mehr als die Hälfte der Bevölkerung hat diese Hürde bereits genommen: Viele verfügen sogar schon heute über ausreichend Geld zum Investieren und wissen, dass sie zur Aufstockung Ihrer Rente in absehbarer Zeit zusätzliches Geld benötigen. Und trotzdem investieren sie nicht.

Die Mehrheit der Deutschen spart regelmäßig. Viele sparen auf Tagesgeld-Konten, obwohl Tagesgeld-Sparen eher zu Wertverlust durch Inflation als zu Rendite durch Zinsen führt. Früher beklagte man „mickerige" 4% Habenzinsen auf Tagesgeld, heute ist man zufrieden, wenn sich der Habenzins im positiven Bereich bewegt. „Hauptsache das Vermögen ist sicher." Doch leider wächst die Gefahr, dass sich die vermeintliche Sicherheit als Illusion erweist: Geldvermögen können die Inflation nicht ausgleichen und verlieren im Laufe der Jahre an Kaufkraft. Aktuell wird eher eine steigende Inflation aufgrund der Corona-Neuverschuldung erwartet, Stichwort „Schuldenschnitt"[6].

Neben dem klassischen Sparer gibt es Menschen, die große Geldbeträge halten, um für die vermeintlich große Investitionschance ausgerüstet zu sein und solche, die sich auf das finanzielle Armageddon vorbereiten, der Punkt, an dem die Aktienmärkte auf 0 gehen und sich nie wieder erholen.[7]

Bei vielen Menschen sind die Gründe weniger dramatisch als pragmatisch: es fehlt die geeignete Strategie, um das Geld sicher in andere Anlageklassen zu investieren.

Aus Frust geben diese Menschen einen Großteil des Gesparten zeitnah wieder aus. Spontankäufe belasten nicht selten das

---

[6] Daniel Stelter: Manager Magazin, Warmlaufen für den Schuldenschnitt, 13.02.21, URL: https://www.manager-magazin.de/politik/weltwirtschaft/warmlaufen-fuer-den-schuldenschnitt-a-421819f0-0ce4-4977-b5b5-8b9c2ff4792f [Abruf: 14.03.21].

[7] Peter Mallouk, The Path. Accelerating Your Journey to Financial Freedom, New York, 2020, S. 208, 209.

Girokonto mit Überziehungszinsen zwischen 4 % und 14 %, und dass bei +/- 0 % Guthabenzinsen derzeit.

Zu welcher Gruppe gehören Sie?

- ❑ Zu den 10% der deutschen Bevölkerung, die bereits am Wertpapiermarkt aktiv sind.
- ❑ Zu den 90 %, die durch Investieren ihre finanzielle Situation merklich verbessern könnten – sei es direkt oder nachdem sie die Finanzen in den positiven Bereich gebracht haben.

Falls Sie zur Gruppe 2 gehören:

Was sind Ihre Gründe, keine Investitionen zu tätigen?

- ❑ Halten Sie unbestimmte negative Gefühle vom Investieren ab?
- ❑ Haben Sie schlechte Erfahrungen mit Tipps, Beratungen oder sonstigen Empfehlungen gemacht?

Vielleicht...

- ❑ ... ist Ihnen eine Investition in Aktien zu riskant, das Thema zu kompliziert, oder es fehlt Ihnen das notwendige Wissen?
- ❑ ... haben Sie keine Zeit, sich mit dem Thema Geldanlage ausreichend zu beschäftigen?

Oder...

- ❑ ... wollen Sie nicht auch noch Investmententscheidungen treffen müssen?
- ❑ ... haben Sie ständig das Bild der New Yorker Börse vor Augen, wo die Investmentbanker mit hoch gekrempelten Ärmeln im großen Saal um die Wette schreien, um ihre Käufe und Verkäufe zu tätigen. Steht Ihnen der Schweiß auf der Stirn bei der Vorstellung, dass dieser Stress Sie nun über die Laufzeit Ihrer Geldanlage begleiten wird, und denken: „Ich nicht!"?

Falls einer oder mehrere der oben genannten Gründe auf Sie zutreffen, habe ich gute Nachrichten für Sie: Für jede dieser Herausforderungen gibt es inzwischen erprobte Lösungsansätze.
Persönliche Voraussetzungen lassen sich ändern: Die Wissenschaft hat in den vergangenen Jahrzehnten intensiv auf den Gebieten Persönlichkeitsentwicklung, innere Blockaden, Gefühlsmanagement und Entscheidungsfindung geforscht. Die Ergebnisse sind verfügbar und einfach umsetzbar.
Für Sie als Privatperson bedeutet das, dass Sie durch die gezielte Beschäftigung mit Ihrer Persönlichkeit, unter Anwendung einfacher Methoden, ein unterstützendes "Mindset" für Ihr Vorhaben entwickeln können.
Damit wird es Ihnen leichter fallen als früher, sich mit dem Thema Geld zu beschäftigen und gute Geldentscheidungen zu treffen.

Am Aktienmarkt gibt es seit ungefähr 20 Jahren kostengünstige Alternativen zur Investition in Einzelaktien oder in aktiv verwaltete Fonds.
Das heißt, dass Privatanleger sich nicht mehr ständig mit der Börsenentwicklung beschäftigen müssen und nicht jederzeit bereit sein müssen, Aktien zu kaufen oder zu verkaufen. Sie müssen auch nicht mehr hohe Gebühren für einen Fondsmanager bezahlen, um das Risiko Ihrer Investition auf viele Anlageobjekte zu verteilen.
Investieren im Rahmen einer erprobten passiven Investmentstrategie erfordert einen einmaligen Aufwand zu Beginn und dann nur noch wenig Zeiteinsatz bis zur Auflösung der Geldanlage.
Kern einer solchen Strategie sind Aktien, die jedoch bereits als ETF gebündelt sind, sodass die Auswahl ganze Märkte repräsentiert. Investoren, die sich für diese Art von Produkten entscheiden, können am Marktwachstum partizipieren und ihr Anlagerisiko signifikant reduzieren.
Die Kursentwicklung der Aktienmärkte hängt von den zu erwarteten Einnahmen der Aktiengesellschaften ab: steigen die zu erwartenden Einnahmen, steigen auch die Kurse. Bestimmte demographische Entwicklungen lassen hohe Einnahmen in naher Zukunft vermuten. In absehbarer Zeit werden sich 1,2 Milliarden Menschen aus der Armut in den Mittelstand gekämpft und drei Milliarden Menschen werden Zugriff auf einen „high Speed"-Zugang zum Internet und seinen Möglichkeiten haben. Man geht davon aus, dass diese neuen Kunden ähnliche Konsumbedürfnisse wie die heutigen haben.
Diese demographischen Entwicklungen, in Kombination mit dem exponentiell wachsenden technischen Fortschritt durch Innovationen, indizieren, dass die „best times in history for a globally diversified investor[8] vor uns liegen.

Vielleicht haben Sie schon die Begriffe ETF oder Exchange Traded Fonds gehört. Darunter versteht man Produkte, die sich aus Wertpapieren mehrerer Unternehmen zusammensetzen, und zwar genau in der Gewichtung, in der diese Aktiengesellschaften am Markt vertreten sind.

Möglicherweise sind Sie skeptisch angesichts des Hypes um diese Anlageform. Ihre Vorsicht ist berechtigt, denn das Produkt ETF allein ist noch kein Garant für eine erfolgreiche Geldanlage. Jedoch können ETF unter bestimmten persönlichen Voraussetzungen und in Kombination mit einer individuellen und langfristigen Anlagestrategie als Investitionsobjekt, insbesondere für Menschen in der zweiten Lebenshälfte interessant sein.

Zusammenfassend gibt es im Jahr 2021 gute „neue“ Gründe, die einmal bewusst oder unbewusst getroffene Entscheidung, nicht (mehr) am Aktienmarkt zu investieren, zu überdenken.

Überlegen Sie: Ihnen wird eine inzwischen erprobte Strategie geboten, basierend auf einem erst 20 Jahre alten Produkt, und somit die reelle Chance, durch Investition an der Börse, Ihre finanziellen Ziele zu erreichen.

Interessiert?

Dann starten Sie umgehend Ihr „Geldanlage 40 +“ - Projekt.

Lassen Sie sich von diesem Buch führen. Ausgehend von einer stabilen Basis, Ihrer Persönlichkeit, erwerben Sie innere Sicherheit sowie Kompetenzen, um gute Geld- und Investitionsentscheidungen zu treffen und diese in die Tat umzusetzen.

Das schlechte Gewissen, das Ihnen bislang suggerierte, Sie würden sich nicht adäquat um Ihre Finanzen kümmern, wird nach und nach verschwinden. Sie können nur gewinnen. Legen Sie los!

---

[8] Peter Mallouk: The Path. Accelerating Your Journey to Financial Freedom, New York, 2020, S. 36.

Teil 1

1. Vermögensaufbau und Altersvorsorge: Gute und weniger gute Geldentscheidungen und wie Sie sie ganz einfach unterscheiden können

Sich systematisch und gründlich mit Ihrer persönlichen und finanziellen Lage zu beschäftigen, ist ein Projekt, das Sie stärker machen wird.

Wenn Sie bereit sind, Ihren Startpunkt von allen Seiten zu beleuchten, und sich mit dem Gedanken wohlfühlen, Ihren individuellen Weg zu mehr Einkommen und Vermögen zu gehen, gibt es kein Zurück mehr.

Starten Sie mit der Erforschung und Ausrichtung Ihrer Persönlichkeit. Nachdem Sie Klarheit erlangt haben und in einer positiven Grundstimmung sind, wird es Zeit zu träumen: Befassen Sie sich mit Ihren großen Wünschen und den dazu passenden finanziellen Zielen. Sobald Sie wissen, was Sie erreichen möchten, ermitteln Sie Ihre finanzielle Ausgangssituation und legen den Weg zu Ihrem Ziel fest.

Je ehrlicher Sie sich mit Ihrer heutigen Situation und je intensiver Sie sich damit beschäftigen, wie Sie zukünftig leben möchten, umso leichter werden Ihnen auch die Entscheidungen fallen, die Sie treffen müssen, um Ihre Ziele zu erreichen.

1.1 Ihre Persönlichkeit und Ihre Finanzen: Wie Sie unbewusste Hemmnisse ausräumen und für eine positive Grundstimmung sorgen

Um Ihre Träume zu verwirklichen und ein Vermögen aufzubauen, brauchen Sie einen langen Atem. Zunächst gilt es zu investieren - und zwar so lange, bis der investierte Betrag ausreichend groß ist, um Einnahmen, in der gewünschten Höhe zu erbringen.

Bis zu diesem Punkt sollten Sie Ihrer Vorgehensweise treu bleiben und sich nicht durch Marktgeschehnisse oder externe Einflüsse von Ihrem Weg abbringen lassen.

Ihre Persönlichkeit kann Sie dabei unterstützen oder hemmen: Unbewusste Überzeugungen können Ihnen etwas vortäuschen, was nicht der Realität entspricht. Negative Gefühle wie Angst können Sie davon abhalten, überhaupt Investitionsentscheidungen zu fällen. Ohne Ihren Risikotyp zu kennen, besteht die Gefahr, dass Sie schlechte Entscheidungen treffen.

Deshalb beginnt dieses Kapitel mit der Erforschung Ihrer für Investitionsentscheidungen relevanten Persönlichkeitseigenschaften. Danach beschäftigen Sie sich mit unbewussten Überzeugungen. Sie lernen, diese zu erkennen, auf ihren Wahrheitsgehalt zu prüfen und gegebenenfalls umzuformulieren. Abschließend widmen wir uns Ihrer emotionalen Basis. Sie erfahren von Techniken, die Ihnen helfen, in eine positive emotionale Grundstimmung zu kommen.

Gewinnen Sie innere Sicherheit

„Je besser Sie sich selbst kennen, desto sicherer treffen Sie die notwendigen Geldentscheidungen."

Weisheit eines Unbekannten

Eine Investition in Wertpapiere führt unweigerlich zu einem Konflikt zwischen Ihren Zielen und Gefühlen sowie den Gesetzen des Kapitalmarkts.

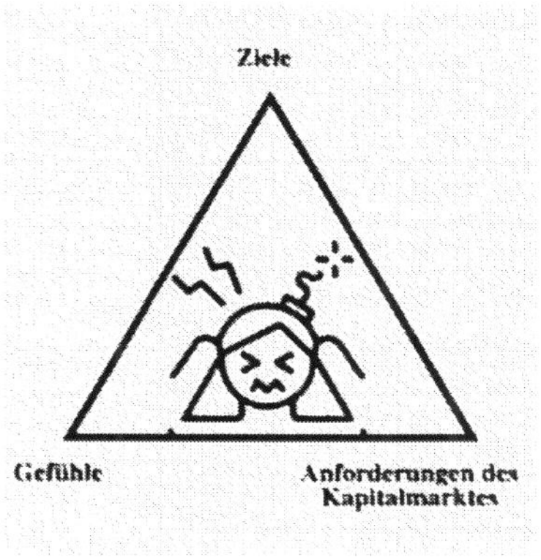

Abbildung 1: Spannungsverhältnis: Ziele, Gefühle und die Anforderungen des Kapitalmarkts (eigene Darstellung nach Heribert Wienkamp: Anreiz, Risiko, Ruin, Berlin 2019)

Anleger streben zur Erlangung ihrer Finanzziele einen möglichst hohen Gewinn an. Die Absicherung des eingesetzten Kapitals ist ihnen ebenfalls sehr wichtig. Um gute Geldentscheidungen treffen zu können, müssen sie sich sicher fühlen. Der Kapitalmarkt dagegen belohnt mit Renditechancen die Bereitschaft, Risiken einzugehen. Jede Investitionsentscheidung wird von einer

Ungewissheit begleitet. Denn niemand weiß, wie sich der Markt weiter entwickeln wird.
Als Investor müssen Sie sich dieser widersprüchlichen Situation stellen. Sie werden angespannt und gestresst sein. Ob und wie Sie darauf reagieren – impulsiv/emotional, gar nicht oder zielgerichtet – entscheidet über Erfolg oder Misserfolg Ihres „Geldanlage 40 +" - Projekts.
Stellen Sie sich vor, Sie haben 10.000 € in den Aktienmarkt investiert. Innerhalb weniger Tage ist der Betrag völlig überraschend nur noch 6.600 € wert. Alle um Sie herum verfallen in Panik. Es herrscht große Unsicherheit und Endzeitstimmung.
Sie stehen unvermittelt vor der Frage, ob Sie weiter Ihrer ursprünglichen Entscheidung vertrauen oder schnell verkaufen sollen, um nicht alles zu verlieren. Falls Sie dem Impuls, die Wertpapiere schnell zu verkaufen, nachgeben, haben Sie tatsächlich alles verloren, weil Sie den Verlust realisiert haben.
Viel sinnvoller ist es, nichts zu tun und ruhig abzuwarten, bis sich der Markt erholt. Denn das wird er – mit allergrößter Wahrscheinlichkeit.
Um solche herausfordernden Situationen in einer für Sie passenden Weise meistern zu können, stellen Sie sicher, dass zukünftige Geldentscheidungen zu Ihrer Persönlichkeit passen und Sie auch in schwierigen Marktzeiten mit Ihren Entscheidungen leben können.
Starten Sie dazu mit einer Selbstanalyse: Machen Sie sich mithilfe des Big-Five-Persönlichkeitstests die fünf grundlegenden Dimensionen Ihrer Persönlichkeit bewusst und ermitteln Sie danach Ihren Risikotyp.

Schritt 1: Ermitteln Sie die fünf Dimensionen Ihrer Persönlichkeit

Die sogenannten Big Five wurden bereits in den 1930er-Jahren entwickelt und später durch zahlreiche Studien belegt. Heute gelten sie als Standardmodell der Persönlichkeitsforschung.[9]

Die fünf Persönlichkeitsdimensionen

- Dimension 1: Worauf Sie Ihre Energie richten
- Dimension 2: Was Sie empfinden
- Dimension 3: Wie Sie interagieren
- Dimension 4: Wie Sie denken
- Dimension 5: Wie Sie leben

Menschen können ihre Energie nach innen oder außen richten. Deshalb hat die Dimension 1 Introversion als Neigung zur Zurückhaltung sowie Extraversion als Neigung zur Geselligkeit und zum Optimismus als Pole.
Das Spannungsfeld zwischen emotionaler Labilität, Ängstlichkeit und Traurigkeit sowie gegensätzlich dazu emotionaler Stabilität kennzeichnet menschliche Empfindungen.
Impulsivität versus Gewissenhaftigkeit als Neigung zu Disziplin, hoher Leistungsbereitschaft und Zuverlässigkeit beschreibt, wie Menschen interagieren.
Das Denken kann sowohl festgefahren als auch offen für Neues sein.
Menschen können egoistisch oder sozialverträglich, also kooperativ und nachgiebig leben.

[9] Ohne Verfasser: Big Five (Psychologie), in: Wikipedia (Stand: 19.10.2020), URL: https://de.wikipedia.org/wiki/Big_Five_(Psychologie) [Abruf: 26.10.2020].

Der Test umfasst 50 Aussagen, die die Testperson als zutreffend oder nicht zutreffend bewertet. Auf diese Weise werden die relevanten Persönlichkeitsmerkmale in jeder Dimension ermittelt.

So kann ein Big-Five-Testergebnis aussehen

Dimensionen	Ergebnis	Niedrige Punktzahl	Hohe Punktzahl
Worauf Sie Ihre Energie richten	**Hoch**	introvertiert	**extravertiert**
Was Sie empfinden	**Hoch**	sensibel	**emotional stabil**
Wie Sie interagieren	**Hoch**	impulsiv	**gewissenhaft**
Wie Sie denken	**Hoch**	fest gefahren	**offen**
Wie Sie leben	**Hoch**	egoistisch	**sozial verträglich**

Abbildung 2: Beispiel eines Big-Five-Persönlichkeitsprofils (eigene Darstellung)

Die Testperson im obigen Beispiel zeichnet sich durch ein extravertiertes Verhalten, emotionale Stabilität, Gewissenhaftigkeit im Umgang mit anderen Menschen, Offenheit im Denken sowie einen sozialverträglichen Lebensstil aus.
Aus dem Ergebnis lassen sich Empfehlungen in Bezug auf zukünftiges Investitionsverhalten ableiten, denn bestimmte Eigenschaften korrelieren mit diesem. Offenheit im Denken und emotionale Stabilität sind auch in Bezug auf Vermögensaufbau und Rendite hilfreiche Eigenschaften. Die Persönlichkeit im Beispiel neigt allerdings ebenfalls zu hoher Extravertiertheit. Das könnte sich negativ auswirken und sollte deshalb bei Geldentscheidungen nicht zum Tragen kommen.[10]

[10] Heribert Wienkamp: Anreiz, Risiko, Ruin, Berlin 2019, S.105 ff.

Im Internet gibt es ein reichhaltiges Angebot an kostenfreien Big-Five-Tests. Für den Test benötigen Interessierte circa 5 – 10 Minuten.
Alternativ können Sie auch mit einer Selbsteinschätzung starten. Tragen Sie Ihr Ergebnis in die folgende Tabelle ein.

Ihr Ergebnis

Dimensionen	**Ergebnis**	**Niedrige Punktzahl**	**Hohe Punktzahl**
Worauf Sie Ihre Energie richten		introvertiert	extravertiert
Was Sie empfinden		sensibel	emotional stabil
Wie Sie interagieren		impulsiv	gewissenhaft
Wie Sie denken		fest gefahren	offen
Wie Sie leben		egoistisch	sozial verträglich

Abbildung 3: Ihr Big-Five-Persönlichkeitsprofil (eigene Darstellung)

Durch die Beschäftigung mit den fünf Dimensionen, ist Ihnen bewusst geworden, welche Ihrer Persönlichkeitsmerkmale in den verschiedenen Dimensionen dominieren.
Überlegen Sie nun, welche davon bei früheren Geldentscheidungen hilfreich und welche hinderlich waren.
Nutzen Sie die Erkenntnisse für Ihr „Geldanlage 40 +" - Projekt.

Schritt 2: Erkennen Sie Ihre Risikopersönlichkeit

Sie erinnern sich noch an das Beispiel zu Beginn dieses Kapitels, in dem die Investition in Höhe von 10.000 € nur noch 6.600 € wert ist? Damit Sie solche Zeiten ohne schlaflose Nächte überstehen, ist es hilfreich zu wissen, welcher Risikotyp Sie in Bezug auf Geldanlagen sind.

Welche der vier Aussagen trifft am ehesten auf Sie zu?[11]

- ❑ Aussage 1: „In der Ruhe liegt die Kraft.“ Das gilt für mich insbesondere auch im Hinblick auf alle finanziellen Angelegenheiten.

- ❑ Aussage 2: Ich empfinde es eher als unangenehm oder lästig, finanzielle Entscheidungen treffen zu müssen.

- ❑ Aussage 3: Ich entscheide gerne selbst über meine Finanzen und bin von meinen Entscheidungen auch überzeugt.

- ❑ Aussage 4: „Wer nicht wagt, der nicht gewinnt.“ Ich neige dazu, hohe Risiken einzugehen und zu spekulieren.

---

[11] Auszug aus dem Test „Kennen Sie Ihre Risikopersönlichkeit“, in: Brigitte. Finanzen Spezial, Ausgabe 2020, S.51. (Copyright: Test und Auswertung 2020 – tetralog systems AG).

Persönlichkeiten, die die erste Aussage präferieren, sind kontrolliert und gehen in Geldangelegenheiten lieber auf Nummer sicher. Sie kümmern sich um ihre finanziellen Angelegenheiten, lassen sich jedoch nicht dazu verleiten, Geld einfach leichtfertig aufs Spiel zu setzen, auch wenn höhere Gewinne locken.

Menschen, die die zweite Aussage bevorzugen, sind eher vorsichtig. Sie möchten nicht jede Situation kontrollieren oder steuern. Sie versuchen, Risiken gering zu halten. Die konstante Überwachung von Gewinn und Verlust liegt ihnen nicht. Wird es unübersichtlich, sind sie dankbar, wenn Ihnen jemand mit Rat und Tat zur Seite steht.

Zielstrebig sind Personen, auf die Aussage 3 zutrifft. Sie haben die klare Absicht, Profit zu erzielen, und gehen dafür auch finanzielle Risiken ein. Sie verfolgen klare, strategische Ziele und legen ihr Geld selbstverantwortlich an. Selbst wenn es einmal schwierig wird, reagieren sie selbstsicher und gelassen.

Bei Persönlichkeiten, die Aussage 4 präferieren, steht das Streben nach Gewinn im Vordergrund. Diese Menschen sind risikofreudig. Misserfolge nehmen sie in Kauf, von verlockenden Möglichkeiten lassen sie sich leicht ablenken. In stressigen Situationen handeln sie möglicherweise impulsiv. Sie reagieren eher spontan als überlegt.

Konnten Sie sich in einer der Risikotyp-Beschreibungen wiederfinden?

Nutzen Sie diese Einsicht ebenfalls für Ihr „Geldanlage 40 +“-Projekt.

Verwandeln Sie unbewusste Hemmnisse

„Überzeugungen sind gefährlichere Feinde der Wahrheit als Lügen."

Friedrich Nietzsche

Wenn es um Ihre Finanzen geht, spielt Ihr unbewusstes Verhältnis zu Geld eine wichtige Rolle. Auf der bewussten Ebene wünschen Sie sich vielleicht mehr Geld. Das erfüllt sich aber nicht, weil Ihr Unterbewusstsein Sie sabotiert. Ihr Unterbewusstsein hat alles gespeichert, was Sie jemals über Geld gehört und gelernt haben [12]. Was in Ihrer Ursprungsfamilie schon immer so war und Ihnen in Ihrer Kindheit vermittelt wurde, schränkt Sie möglicherweise noch heute ein.

Wie das funktioniert? Mithilfe negativer Gefühle wie Scham oder Schuld. Solche Gefühle überfluten Sie immer dann, wenn Sie über Geld nachdenken oder eine Geldentscheidung treffen wollen. Unbewusste Überzeugungen sorgen dafür, dass Handlungen automatisiert ablaufen. Sie handeln aus einem Gefühl, Ihrer Intuition heraus, ohne vorher darüber nachzudenken. Das kann zu den gewünschten Ergebnissen führen, muss es jedoch nicht.

„Ich bin nicht gierig, nur weil ich das höchstmögliche Gehalt für meine Arbeitsleistung erzielen möchte." Obwohl Ihnen diese Aussage rational betrachtet einleuchtet, hält Sie ein komisches Gefühl davon ab, nach einer Gehaltserhöhung zu fragen. Und die Jahre vergehen.

Das Wissen um die Entstehung und Existenz von Glaubenssätzen hilft Ihnen zu erkennen, wenn Sie ein unwahrer Glaubenssatz davon abhält, das Richtige zu tun. Sie können diesen dann durch

---

[12] Familie und Money Mindset, in: I am by Laura Malina Seiler, 02/2020, S. 78 ff.

einen Glaubenssatz ersetzen, der Sie in Ihrem Vorhaben unterstützt.
Deshalb ist es wichtig, dass Sie sich den Wahrheitsgehalt Ihrer unbewussten Überzeugungen (Glaubenssätze) bewusst machen. Sollten Sie feststellen, dass diese unwahr sind und Sie hemmen, ersetzen Sie diese – und zwar bevor Sie Geldentscheidungen treffen.

Glaubenssätze sind …

- … Überzeugungen, die Menschen aufgrund spezifischer Erfahrungen gebildet oder von anderen Menschen übernommen haben.
- … Verallgemeinerungen, die das menschliche Denken, Fühlen und Handeln prägen.
- … trügerisch, denn sie geben uns ein Gefühl der Sicherheit. Doch: Nur weil wir etwas glauben, muss es noch lange nicht wahr sein.

Finden Sie nun heraus, welche Glaubenssätze Ihre Geldentscheidungen lenken und welche Gefühle sie bei Ihnen hervorrufen, um innerlich frei bewusste und vernünftige Entscheidungen, in Bezug auf Ihr Geld treffen zu können.

Schritt 1: Visualisieren Sie Ihre Glaubenssätze

Verschiedene Methoden machen die aus zwischenmenschlichen Beziehungen entstandenen Glaubenssätze sichtbar. Eine einfache Methode ist die Visualisierung von geerbten Überzeugungen. Dabei bezieht man sowohl die Familie – Eltern, Großeltern, Geschwister – als auch enge Freunde und andere Personen, die einen Einfluss in Geldangelegenheiten hatten, in die Überlegungen mit ein.

Führen Sie die Übung durch, wenn Sie entspannt sind.[13]

Formulieren Sie als Erstes die Fragen, die Sie zum Thema Geld beschäftigen und auf die Sie keine nachvollziehbaren Antworten haben, wie zum Beispiel: „Warum habe ich trotz mehrerer Anläufe noch nicht in Aktien investiert?"

Zeichnen Sie nun ein paar Strichmännchen stellvertretend für sich selbst, Ihre Eltern, Ihre Geschwister und andere in Geldfragen für Sie wichtige Personen, wie Ihren Partner und/oder langjährige Freunde.

Betrachten Sie Ihre Zeichnung. Was fällt Ihnen auf? Was sagt der Kopf, was das Bauchgefühl?

Die Zeichnung hilft Ihnen, die komplexen Beziehungen zu verdeutlichen. Gab es bei einer oder mehreren Personen ein Problem mit Schulden? Dann schreiben Sie „Mangel" neben die Person.

Gibt es unausgesprochene Forderungen zwischen einzelnen Menschen in Ihrem Bild? Ergänzen Sie Ihre Zeichnung entsprechend.

Sind Sie dankbar für die finanzielle Unterstützung Ihrer Eltern? Dann schreiben Sie „Danke" neben Ihre Elternzeichnung.

---

[13] Ruediger Dahlke: Die Psychologie des Geldes. Erfolgreicher und glücklicher mithilfe der Lebensgesetze, München 2011, S. 26.

Die Übung nähert sich dem Ende, wenn Sie das Gefühl haben, dass die Zeichnung vollständig ist und so für Sie passt.

Notieren Sie Ihre Erkenntnisse in der folgenden Übersicht.

Fragen	Beispielantworten	Ihre Antworten
Wer war in Ihrer Familie für das Geld verantwortlich und wie ist er/sie damit umgegangen?	Mein Vater, meine Mutter: sehr sparsam	
Welche Einstellung hatte Ihr Vater zum Geld?	Geld, das man nicht hat, kann man nicht ausgeben.	
Welche Einstellung hatte Ihre Mutter zum Geld?	Für Geld muss man hart arbeiten. Eine eigene Immobilie lohnt sich immer.	
Welche Geschichten kursieren in Ihrer Familie zum Thema Geld?	Der Onkel hat den Vater um sein Erbe betrogen.	
Was haben Ihre Eltern von ihrem Geld gehabt?	... viel Arbeit ... Vater konnte in Aktien investieren und sich die neuesten technischen Geräte kaufen. Mutter gefällt es, im eigenen Haus zu leben.	
Welche Geldglaubenssätze wurden in Ihrer Familie häufig wiederholt?	Der dümmste Bauer erntet die dicksten Kartoffeln.	

Abbildung 4: Erforschung von Geldglaubenssätzen (eigene Darstellung)

Schritt 2: Formulieren Sie die bisherigen Glaubenssätze „Geld bietet Sicherheit“, „Geld zu investieren, ist sehr anstrengend“, „nur dumme Leute verdienen Geld“ sind Beispiele für Geld-Glaubenssätze.
Wie lauten Ihre Glaubenssätze zum Thema Geld?

Konnten Sie Ihre Überzeugungen in Worte fassen? Dann schließen Sie die Übung ab, indem Sie sich an jede einzelne Person wenden, die willentlich oder unwillentlich einen Beitrag zur Bedeutung des Geldes in Ihrem Leben geleistet hat.
Verzeihen Sie Haltungen, die Sie bis heute behindert haben, und bedanken Sie sich für die hilfreichen. Machen Sie jeder dieser Personen in Gedanken freundlich klar, dass Sie ab jetzt Ihren eigenen Weg gehen werden.
Zum Beispiel so: “Lieber Vater, liebe Mutter, vielen Dank für alles, was ihr mir zum Thema Geld beigebracht habt. Heute weiß ich, dass Investieren nicht anstrengend sein muss. Ich wähle einen einfachen Weg, um Geld für die Zukunft anzulegen.”
Dann beginnen Sie mit der Formulierung Ihres neuen, unterstützenden Glaubenssatzes zum Thema Geld.

Schritt 3: Formulieren Sie Ihren neuen Geld-Glaubenssatz

Ein unterstützender Glaubenssatz zum Thema "Geld" könnte zum Beispiel lauten:

Geld ist eine Energie, und Energie will fließen, auch zu mir.[14]

Wie lautet Ihr neuer Glaubenssatz zum Thema "Geld"?

Gefällt er Ihnen? Was fühlen Sie, wenn Sie diesen laut vorlesen? Wollen Sie ihn als Ihr Leitbild für Ihr Geldanlageprojekt verwenden?

Ja, wunderbar!

Sie haben soeben Ihren eigenen Glaubenssatz kreiert, der Sie bei all Ihren zukünftigen Bemühungen unterstützen wird.

Nein?

Hier haben Sie die Gelegenheit, Ihre Formulierung nochmals anzupassen.

Ihr neuer Glaubenssatz zum Thema „Geld“ lautet:

[14] Money Mindset, in: I am Laura, 02/2020.

Wiederholen Sie Ihren Glaubenssatz ab sofort täglich, um ihn fest in Ihrem Unterbewusstsein zu verankern.

Erzeugen Sie eine positive Grundstimmung

„Eine positive Grundhaltung, gepaart mit persönlichen Zielen, zieht Wohlstand und Erfolg an wie ein Magnet."

Napoleon Hill

Was ist damit gemeint? Reicht es aus, positiv zu denken und sich vorzustellen, Millionär zu sein, um tatsächlich einer zu werden? Nein, natürlich nicht. Entscheiden und entsprechend handeln, das bringt Menschen voran.

Oder ist das Zitat so zu verstehen, dass ein Anleger nur dann erfolgreich investieren kann, wenn er gut gelaunt ist? Ja und nein. Ist jemand bereits mit Problemen belastet, ist es wahrscheinlich wenig sinnvoll, sich noch einem weiteren herausfordernden Thema zu widmen.

Werden schlechte Gefühle jedoch durch die eigene Bewertung normaler Situationen verursacht, lohnt es sich, dagegen anzugehen.

Denn es gilt: Aus einer positiven Grundhaltung heraus fällt es Menschen leichter, sich mit einem neuen Thema zu beschäftigen. Sie nehmen Wissen leichter auf und treffen leichter richtige Entscheidungen.

Wie ist es um Ihre innere Einstellung bestellt?

- ❑ Bei mir überwiegen positive Gefühle.
- ❑ Meine Grundeinstellung ist eher negativ.

Falls Sie das zweite Kästchen angekreuzt haben, sind Sie in bester Gesellschaft. Denn negative Gefühle dominieren in der Regel den menschlichen Gefühlshaushalt. Sie werden evolutionsbedingt viel stärker wahrgenommen als Freude und Dankbarkeit. Eine negative Grundeinstellung ist natürlich, aber nicht gottgegeben.
Deshalb ist es sinnvoll, sich zielgerichtet mit seinen Gefühlen zu beschäftigen.[15]
Sicherlich ist Ihnen bewusst, dass positive Gefühle positive Auswirkungen auf Ihr Denken und Handeln haben können: Sie treiben an, spenden in verschiedenen Lebenssituationen wertvolle Energie und lassen Sie Chancen besser erkennen.
So ruft Freude beispielsweise den Spieldrang hervor. Der Spieldrang lässt Menschen kreativ werden und hilft, Lösungen zu finden.
Dankbarkeit erweckt in Menschen den Wunsch, ebenfalls etwas Gutes zu tun. Sie werden hilfsbereiter und geben ihre positiven Gefühle an ihre Mitmenschen weiter.
Zusammengefasst: Das Gehirn funktioniert in einem positiven Gemütszustand besser als in einem negativen oder neutralen. Intelligenz und Kreativität sind ausgeprägter, der Energielevel höher[16].

---

[15] Barbara L. Fredrickson: Die Macht der guten Gefühle. Wie eine positive Haltung ihr Leben dauerhaft verändert, Frankfurt/M., New York 2011, S. 10.

[16] Shawn Achor: Das Happiness-Prinzip. Wie Sie mit 7 Bausteinen der Positiven Psychologie erfolgreicher und leistungsfähiger werden, Kandern 2020.

Darüber hinaus sind positive Gefühle, wie Freude, Heiterkeit, Interesse, Hoffnung, Stolz, Vergnügen, Inspiration, Ehrfurcht und Liebe angenehm.
Welche nehmen Sie bei sich immer mal wieder wahr?

Gehen Sie Gefühl für Gefühl die Liste durch und beantworten Sie folgende Fragen:

Wann habe ich mich zuletzt freudig gefühlt? Wo war ich? Was tat ich gerade? Welche Situationen können noch das Gefühl der Freude in mir auslösen? Was kann ich tun, um das Gefühl der Freude aufrechtzuerhalten?

Wann habe ich mich zuletzt heiter gefühlt? Wo war ich? Was tat ich gerade? Welche Situationen können noch das Gefühl der Heiterkeit in mir auslösen? Was kann ich tun, um das Gefühl der Heiterkeit aufrechtzuerhalten? Und so weiter.

Vielleicht ist Ihre Grundeinstellung doch nicht so negativ, wie Sie zu Beginn des Kapitels dachten.
Wahrscheinlicher ist jedoch, dass bei Ihnen das Mischungsverhältnis von positiven und negativen Emotionen noch nicht positiv genug ist.
Da positive Gefühle weniger stark wirken als negative, brauchen Menschen wesentlich mehr positive Gefühle, um gegen die Übermacht der negativen anzukommen.
Forscher haben Folgendes nachgewiesen: Menschen benötigen dreimal mehr positive Gefühle, um ihrem Gesamtbefinden einen Aufwärtstrieb zu geben. Zudem müssen sie eine Schwelle, den sogenannten Tipping Point, erreichen, wenn sie den persönlichen Gefühlsstrudel aus der Abwärtsrichtung in eine Aufwärtsbewegung bringen wollen.[17]
Das klingt zunächst anstrengend. Die gute Nachricht ist jedoch, dass Menschen ihre Emotionen steuern können, um in den positiven Bereich zu kommen.
Falls Sie sich nun fragen, wie das gehen könnte, lassen Sie mich Ihnen die Techniken vorstellen, durch die Sie gute Gefühle gezielt vermehren können, und wählen Sie die für Sie passende aus.
Starten Sie mit einer Bestandsaufnahme Ihres Gefühlshaushaltes.

---

[17] Barbara L. Fredrickson: Die Macht der guten Gefühle. Wie eine positive Haltung ihr Leben dauerhaft verändert, Frankfurt/M., New York 2011, S. 47.

Schritt 1: Ermitteln Sie, wo Sie gerade gefühlsmäßig stehen[18]

Wie haben Sie sich in den letzten 24 Stunden gefühlt?
Lassen Sie den Tag Revue passieren und notieren Sie, welche der folgenden Gefühle Sie bei sich wahrgenommen haben.
Mithilfe der Skala von 0 bis 4 bewerten Sie bitte die höchste Intensitätsstufe, die das jeweilige Gefühl bei Ihnen erreicht hat.
Berücksichtigen Sie bei der Berechnung Ihres Quotienten alle positiven Gefühle, die Sie mit 2 oder höher bewertet haben.
Negative Gefühle mit 1 oder höher beziehen Sie ebenfalls in Ihre Berechnung ein.

Beispiel

Positive Gefühle	**Punkte**	**Negative Gefühle**	**Punkte**
Vergnügen		Zorn	
Ehrfurcht		Scham	
Dankbarkeit	4	Verachtung	
Hoffnung		Abscheu	
Inspiration		Verlegenheit	
Interesse	4	Schuld	
Freude		Hass	
Liebe	4	Trauer	
Stolz		Angst	4
Heiterkeit	2	Stress	2
Summe	14	Summe	6

Abbildung 5: Beispielrechnung von Gefühls-Quotienten (eigene Darstellung):
Hier: 14 : 6, das bedeutet 2,3 : 1

[18] Barbara L. Fredrickson: Die Macht der guten Gefühle. Wie eine positive Haltung ihr Leben dauerhaft verändert, Frankfurt/M., New York 2011, S. 172 ff..

Ermitteln Sie nun Ihren Quotienten aus positiven und negativen Gefühlen.

Ihr Ergebnis:

Positive Gefühle	**Punkte**	**Negative Gefühle**	**Punkte**
Vergnügen		Zorn	
Ehrfurcht		Scham	
Dankbarkeit		Verachtung	
Hoffnung		Abscheu	
Inspiration		Verlegenheit	
Interesse		Schuld	
Freude		Hass	
Liebe		Trauer	
Stolz		Angst	
Heiterkeit		Stress	
Summe		Summe	

Abbildung 6: Ihr Gefühls-Quotient (eigene Darstellung)

Ist Ihr Quotient besser oder schlechter als 3:1?
Sie erinnern sich: Da negative Gefühle stärker als positive Gefühle wirken, benötigen Sie mindestens einen Quotienten von 3:1, um in den positiven Bereich zu kommen.

Schritt 2: Wenden Sie eine oder mehrere Techniken für einen positiven Gefühlshaushalt an

Techniken

- ❑ Führen Sie ein Emotionstagebuch: Halten Sie schriftlich fest, wie sich Ihr Empfinden im Tagesverlauf verändert. Notieren Sie für 30 Tage, wie Sie sich beim Aufwachen, um 9.00, 12.00, 15.00 und 18.00 Uhr sowie kurz vor dem Einschlafen fühlen.
- ❑ Überprüfen Sie Ihre Gewohnheiten. Schöpfen Sie daraus Energie oder sind es „Energiefresser"? Falls Ihnen Ihre Gewohnheiten nicht guttun, ersetzen Sie diese durch neue, hilfreiche.
- ❑ Träumen Sie von der Zukunft.
- ❑ Genießen und teilen Sie das Gute. Das sind zum Beispiel gute Gedanken und gute Erfahrungen.
- ❑ Erleben Sie die Natur. Und fühlen Sie sich mit ihr verbunden.

Besonders wichtig für die erfolgreiche Veränderung des Gefühlshaushalts hin zum Positiven ist der Umgang mit negativen Gefühlen.

Versuchen Sie nicht, diese zu vermeiden oder vor Ihnen zu fliehen. Überlegen Sie stattdessen, welches äußere Ereignis oder welcher Gedanke diese verursacht haben könnte. Nutzen Sie konstruktive negative Gedanken für Ihre Ziele. Entschärfen Sie nutzlose, indem Sie sie vorüberziehen lassen, ohne weitere Energie darauf zu verwenden oder sich zu einer Handlung verleiten zu lassen[19]

[19] Russ Harris: Raus aus der Glücksfalle. Ein Umdenk-Buch in Bildern, 3. Aufl., München 2014, S. 109.

Wenden Sie die Techniken, die Sie für sich ausgewählt haben, täglich an. Halten Sie am 30. Tag Ihren Gefühlszustand nochmals fest.

Ihr Quotient nach 30 Tagen

Positive Gefühle	**Punkte**	**Negative Gefühle**	**Punkte**
Vergnügen		Zorn	
Ehrfurcht		Scham	
Dankbarkeit		Verachtung	
Hoffnung		Abscheu	
Inspiration		Verlegenheit	
Interesse		Schuld	
Freude		Hass	
Liebe		Trauer	
Stolz		Angst	
Heiterkeit		Stress	
Summe		Summe	

Abbildung 7: Berechnung Ihres Gefühls-Quotienten nach 30 Tagen (eigene Darstellung)

Wie ist es Ihnen ergangen? Hat sich Ihr Quotient verbessert und liegt vielleicht sogar über dem Tipping Point?

Durch die Übungen haben Sie erfahren, dass Ihre Grundstimmung ins Positive verändert werden kann. Praktizieren Sie eine der Techniken täglich, um mit Ihren Gefühlen weiter in den positiven Bereich zu kommen – und auch dort zu bleiben.

1.2 Ihre Ausgangslage und Ihre Ziele

„Armut ist keine Schande – Reichtum auch nicht."

Curt Goetz

Sind Sie entspannt und in einer positiven Grundstimmung? Wunderbar: Sie sind bereit für den nächsten Schritt in Ihrem „Geldanlage 40 +" - Projekt.
Sie allein sind für Ihre Finanzen verantwortlich. Somit können auch nur Sie sinnvoll entscheiden, wie Sie mit Ihrem Geld umgehen wollen.
Eine systematische Vorgehensweise berücksichtigt Gegenwart und Zukunft. Anleger investieren heute einen Teil ihres Geldes in chancenreiche Anlagen, um davon in Zukunft zu profitieren. Altersvorsorge und Vermögensaufbau sind gute und vernünftige Gründe, sich mit Geldanlage zu beschäftigen. Inspirierend ist es, von der Zukunft zu träumen.
Motivieren Sie sich, indem Sie tiefer einsteigen und überlegen, welche großen Wünsche Sie für die nächste Lebensphase haben.
Danach lernen Sie, wie Sie diese Wünsche in ein finanzielles Ziel übersetzen und die Beträge ermitteln, die Sie für die Investition und auch zukünftig benötigen.
Ich zeige Ihnen, wie Sie die Summen, die Ihnen einmalig und monatlich schon heute zur Verfügung stehen, berechnen und wie Sie mithilfe von Onlinerechnern, in die Sie unterschiedliche Investitionsbeträge, Zinssätze, Laufzeiten und Ähnliches eingeben können, spielerisch herausfinden, wie weit Sie damit durch das Investieren in Aktien kommen können.
Am Ende dieses Kapitels lernen Sie, wie Sie konkrete Maßnahmen festlegen, um eine mögliche Lücke zwischen Wunsch und Wirklichkeit zu schließen.

Doch, bevor Sie sich der harten Realität stellen: Träumen Sie!

Träumen Sie, rechnen Sie

Welche großen Wünsche haben Sie, die Sie sich mit ausreichenden finanziellen Mitteln erfüllen könnten?

- ❑ Fünf Jahre früher in Rente gehen
- ❑ Lebensstandard im Ruhestand halten
- ❑ Weltreise
- ❑ ...

Welche Erfahrungen möchten Sie unbedingt machen?

- ❑ Als Segelflieger durch die Lüfte gleiten
- ❑ Die Welt mit den besten Guides erkunden
- ❑ Im Ruhestand drei Monate pro Jahr im Ausland verbringen
- ❑ ...

Vielleicht beschäftigen Sie auch die folgenden Überlegungen:

- ❑ Ich will mir etwas leisten.
- ❑ Ich will für den ganz großen Schritt bereit sein.
- ❑ Ich will Geld einfach nur gut anlegen.
- ❑ ...

Sie haben Ihre Wünsche ergänzt? Großartig!

Falls es Ihnen schwerfällt, Ihre Wünsche zu konkretisieren, überlegen Sie zunächst, welche Werte Sie leben wollen.

Wollen Sie

- ❑ Abenteuerlust ausleben?
- ❑ einen sozialen Beitrag leisten?
- ❑ Freiheit und Unabhängigkeit genießen?
- ❑ vor allem Sicherheit?
- ❑ ...?

Visualisieren Sie nun Ihre großen Wünsche, indem Sie dazu passende Bilder auswählen und zu Ihrem großen Zukunftsbild zusammenstellen.

Entwickeln Sie hier Ihr Zukunftsbild aus Ihren Wünschen

Kristallisiert sich aus Ihren Wünschen bereits ein Traumziel heraus, das die Leidenschaft in Ihnen weckt und für das Sie bereit sind, sich weiterzuentwickeln und zu wachsen? Genau so soll es sein. Denn das gibt Ihnen den Antrieb, Ihren Traum Wirklichkeit werden zu lassen.

Beispiel

Nehmen wir an, Ihr Traumziel wäre es, während Ihres Ruhestands drei Monate im Jahr auf Fuerteventura zu verbringen. Bei Sonne und konstanten Temperaturen über 20 Grad wollen Sie einen der scheinbar endlos langen Sandstrände entlang spazieren, Schwimmen, einfach die Ruhe genießen.

Beispiel: Traumziel

Abbildung 8: Beispiel Traumziel (eigene Aufnahme)

Gehen wir weiter davon aus, dass Sie Ihr Vorhaben durch die Investition in Aktien finanzieren wollen und bereit sind, die notwendigen Kompetenzen zu erwerben, Investitionsentscheidungen zu treffen und umzusetzen.

In den folgenden vier Schritten ermitteln wir den Geldbetrag, den Sie benötigen, um Ihr Ziel zu leben.

Schritt 1: Berechnen Sie die pro Jahr benötigten Kapitalerträge

Um die jährliche dreimonatige Auszeit auf Fuerteventura entspannt genießen zu können, haben Sie einen zusätzlichen Kapitalbedarf von 2.000 € monatlich, das heißt

3 x 2.000 € = 6.000 € pro Jahr.

Da in Deutschland auf Kapitalerträge die Abgeltungssteuer erhoben wird, reichen 6.000 € an Kapitalerträgen nicht aus, Sie benötigen 6.000 € zuzüglich Steuern, also

6.000 € * 1,264 (Steueranteil) = 7.584 €.

Das heißt, für 6.000 € zusätzlich aus Kapitaleinnahmen benötigen Sie Kapitalerträge in Höhe von gerundet 7.600 € jährlich. Den steuerlichen Freistellungsbetrag von 801 € beziehen Sie nicht in Ihre Rechnung mit ein. Er dient Ihnen als Reserve, da die jährlichen Kapitalerträge schwanken.

Schritt 2: Legen Sie Ihren Anlagezeitraum fest

Nehmen wir an, Sie gehen in 18 Jahren in Rente und wollen ab dem Jahr 19 Ihren Traum leben. Sie können also noch 18 Jahre investieren.

Schritt 3: Ermitteln Sie Ihren Zielbetrag

Ihre durchschnittliche Rentendauer beträgt 20 Jahre. Idealerweise verbringen Sie demnach noch 20 sonnige Winter auf Fuerteventura und finanzieren den Aufenthalt aus Ihren Kapitalerträgen

7.600 € x 20 Jahre = 152.000 €

Schritt 4: So leben Sie Ihr Traumziel

Sobald Sie 152.000 € erreicht haben, idealerweise nach 18 Jahren, starten Sie mit der jährlichen Entnahme in Höhe von 5%. Damit finanzieren Sie Ihren Fuerteventura Aufenthalt. Der Restbetrag bleibt investiert.

Im Jahr 1 entnehmen Sie 7.600 €. Dieser Betrag entspricht 5% von 152.000 €.

Ihr verbliebenes Vermögen in Höhe von 144.400 € bleibt investiert und erwirtschaftet unter den getroffenen Annahmen durchschnittlich 6,9% Rendite. So erhöht es sich trotz der Entnahme auf 154.364 € im Jahr 1, auf 156.764 € im Jahr 2 und so weiter.

Jahr 1: 152.000 € - 7.600 € (5 %) = 144.400 € x 1,069 = 154.364 €

Jahr 2: 154.364 € - 7.718 € (5 %) = 146.646 € x 1,069 = 156.764 €

Übersicht über alle getroffenen Annahmen:

- Jährliche Durchschnittsrendite: 6,9 %
- Zielbetrag: 152.000 €
- Einzahlungszeitraum: 18 Jahre
- Jährliche Entnahme ab Jahr 19: 5 %
- Entnahmebetrag Jahr 1 brutto: 7.600 €
- Abgeltungssteuer + Solidaritätszuschlag: 26,4 %
- Kirchensteuer: befreit
- Steuerbelastung inkl. Freistellungsauftrag:
  7.600 € x 0,264 = 2.006 € - 801 € = 1.205 €
- Entnahmebetrag Jahr 1 netto: 6.395 €

Die im Beispiel angenommene jährliche Durchschnittsrendite ist abgeleitet von der Rendite, die für den Zeitraum 1990 bis Ende 2019 offiziell ermittelt wurde. Diese setzt sich zusammen aus der realen inflationsbereinigten Rendite und der Inflationsrate und beträgt 8% [20].

Können Sie das Beispiel nachvollziehen? Dann berechnen Sie jetzt den notwendigen Geldbetrag für Ihr Traumziel. Danach unterziehen Sie Ihre Annahmen einem Realitätscheck. Überlegen und rechnen Sie so lange, bis Sie alle Werte ermittelt haben, die Sie für Ihr „Geldanlage 40 +“ - Projekt benötigen.

[20] Brigitte Wallstabe-Watermann u.a.: Anlegen mit ETF. Geld bequem investieren mit ETF und Indexfonds, hrsg. v. Stiftung Warentest, 2. akt. Aufl., Berlin 2020, S. 24.

Noch ein Tipp: Lassen Sie sich nicht durch Unsicherheiten von Ihrem Vorhaben abhalten. Denn für das Geld, das Sie zukünftig aus Aktieninvestments entnehmen können, müssen Sie keine Minute mehr arbeiten.

Ermitteln Sie Ihre finanzielle Ausgangslage

Sie kennen nun Ihr Traumziel und den Geldbetrag, den Sie benötigen, um Ihren Traum zu leben.

In diesem Kapitel ermitteln Sie, wie viel Geld Ihnen schon heute für ein monatliches und ein einmaliges Investment zur Verfügung steht und wie weit Sie damit kommen können.

Den monatlichen Betrag können Sie in drei einfachen Schritten errechnen. Gehen Sie dazu wie folgt vor.

Schritt 1: Listen Sie nachfolgend Ihre monatlichen Einnahmen auf

Monatseinnahmen

Kategorien	Beispiel Monatseinnahmen (netto)	Ihre monatlichen Einnahmen (netto)
Nettogehalt	3.000 €	
Beihilfen		
Kindergeld		
Stipendien		
Witwen- und Waisenrente		
Mieteinnahmen		
Sonstige Einnahmen		
Gesamt	3.000 €	

Abbildung 9: Beispielberechnung der monatlichen Einnahmen (eigene Darstellung)

Schritt 2: Notieren Sie Ihre monatlichen Ausgaben

Monatsausgaben

Kategorien	Beispiel Monatsausgaben	Ihre monatlichen Ausgaben
Fix: Miete und Nebenkosten	900 €	
Fix: Internet, Festnetz und Handy	100 €	
Fix: Fernseh- und Rundfunkgebühren (anteilig)	20 €	
Abo Gebühren, z. B. Netflix, Prime, Apps, Zeitschriften, Zeitungen, Fitnessstudio ...	30 €	
Fix: Versicherungen, für Sie selbst, den Hund, Ihr Auto (anteilig)	170 €	
Transportkosten, z. B. Auto, öffentlicher Personennahverkehr, Roller ...	100 €	
Friseur, Kosmetik, Schönheit-OPs	100 €	
Kleidung	400 €	
Lebensmittel	800 €	
Fix: Kosten Schulden		
Urlaub (anteilig)	80 €	
Fix: Unterhaltszahlungen		
Sonstige Ausgaben		
Gesamt	2.700 €	

Abbildung 10: Beispielberechnung der monatlichen Ausgaben (eigene Darstellung)

Schritt 3: Vergleichen Sie Ihre Einnahmen mit Ihren Ausgaben

Monatlicher Überschuss / Defizit:

Ergebnis	Einnahmen	Ausgaben	Überschuss/ Defizit
Beispiel	3.000 €	2.700 €	300 €
Ihr Ergebnis			

Abbildung 11: Beispielberechnung des monatlichen Überschusses (eigene Darstellung)

Mit dem Ausfüllen der beiden Tabellen haben Sie sich einen Überblick über Ihre Finanzen verschafft.

Wenn am Ende eines Monats etwas übrig bleibt, sind Sie schon jetzt in einer guten Ausgangssituation.

Schritt 4: Bestätigen Sie Ihr Ergebnis durch Kennzahlen

Um den Betrag zu ermitteln, den Sie monatlich investieren können, überprüfen Sie den Anteil Ihrer Miete (inklusive Nebenkosten) am Nettoeinkommen und den Anteil der Fixkosten am Gehalt.

Die Mietkosten sollten nicht mehr als 30 % ausmachen

1. Kontrolle	Miete inkl. NK	Netto-einkommen	x %
Beispiel	900 €	3.000 €	30 %
Ihr Ergebnis			

Die Fixkosten sollten maximal 50 % des Nettoeinkommens betragen

2. Kontrolle	Fixkosten	Netto-einkommen	x %
Beispiel	1.190 €	3.000 €	40 %
Ihr Ergebnis			

Abbildung 12: Überprüfung anhand von Kennzahlen (eigene Darstellung)

Sind diese beiden Voraussetzungen gegeben, können Sie 10 % oder gegebenenfalls mehr monatlich investieren.

Im Beispiel bleiben 300 € monatlich zum Investieren übrig. Die 300 € entsprechen 10 % des Nettoeinkommens und können komplett investiert werden.

Sie haben ermittelt, wie viel Geld Sie monatlich aus Ihrem laufenden Einkommen investieren könnten.
Falls Sie bereits weit jenseits der 40 sind, haben Sie vielleicht etwas angespart. Oder Sie haben geerbt oder sind auf andere Weise zu einer größeren Geldsumme gekommen.
Sie könnten demnach einen größeren Geldbetrag auf einmal investieren. Voraussetzung dafür ist, dass Ihr Guthaben Ihre Schulden übersteigt. Berechnen Sie also zunächst Ihr Nettoguthaben.

Schritt 1: Ermitteln Sie Ihr Nettoguthaben

Guthaben

Kategorien	Beispiel Saldo	Ihr Saldo
Guthaben	75.000 €	
Abzüglich offener Kreditsumme Bank	0 €	
Abzüglich offener Forderungen Finanzamt	0 €	
Abzüglich privat geliehenen Geldes	0 €	
Abzüglich offener Rechnungen	0 €	
Abzüglich sonstiger Schulden	0 €	
Gesamt	75.000 €	

Abbildung 13: Beispielhafte Berechnung des Nettoguthabens (eigene Darstellung)

Das Beispiel zeigt ein Guthaben in Höhe von 75.000 €.

Sonderzahlungen erhöhen das Guthaben, sofern sie nicht schon in Ihre Guthabenberechnung mit eingeflossen sind. Als Sonderzahlungen gelten Gehaltserhöhungen, Boni, Erbschaften, also alle Einnahmen, die Sie nicht für Ihren Lebensstandard benötigen.

Boni sind Einmalzahlungen, mit denen man nicht dauerhaft rechnen kann. Deshalb sollten diese nicht zur Erhöhung des Lebensstandards eingesetzt werden. Das bedeutet im Umkehrschluss, dass diese zu 100 % investieren werden können. Dieses Prinzip gilt auch für Erbschaften.
Bei Gehaltserhöhungen empfiehlt es sich, genau zu überlegen, wie diese für die Verbesserung der Gegenwart einerseits und andererseits für die Zukunft aufgeteilt werden sollen. Menschen neigen dazu, die Gegenwart höher zu bewerten als die Zukunft. Das verursacht unter Umständen große Probleme, zum Beispiel, wenn man als Rentner feststellt, dass das Geld für die Miete nicht reicht. Dann bleibt keine Zeit mehr, das Problem selbstbestimmt zu lösen.
Als Faustformel zur Verwendung von Gehaltserhöhungen auf Konsum und Investition hat sich 50 % zu 50 % bewährt.
Mit welchen Sonderzahlungen können Sie jetzt und in den nächsten Jahren rechnen?

Sonderzahlungen

Sonderzahlungen	**Beispiel Beträge**	**Ihre Beträge**
Boni	2.000 €	
Gehaltserhöhungen		
Erbschaften		
Bereits investiertes, wieder frei werdendes Geld		
Gesamt	2.000 €	

Abbildung 14: Beispielhafte Berechnung der Sonderzahlungen (eigene Darstellung)

Im Beispiel rechnen wir mit einer Sonderzahlung in Höhe von 2.000 €.

Für Menschen, die sich in einer anderen Situation befinden, deren Schulden Ihr Guthaben übersteigt, hat es Priorität, in den grünen Bereich zu kommen. Möglicherweise bieten Kreditverträge eine Chance dazu. Unter bestimmten Bedingungen lassen sich Schulden ohne Vorfälligkeitsentschädigung mit einer Sonderzahlung tilgen. Gegebenenfalls ist eine Refinanzierung zu besseren Konditionen möglich. Vielleicht gibt es auch an einer oder mehreren Stellen die Möglichkeit, Steuern zu sparen.

Verfügen Sie nach Abzug aller Schulden und unter Einbeziehung von Sonderzahlungen über ein Guthaben, ermitteln Sie nun den Anteil, den Sie langfristig am Kapitalmarkt investieren können. Dieser Vermögensteil wird weder für kurzfristige Ausgaben noch als Reserve und auch nicht für mittelfristig anstehende Projekte benötigt.

Schritt 2: Berechnen Sie den Betrag, der Ihnen für eine einmalige Investition zur Verfügung steht

Beispiel

Berechnung	Mindestbeträge	Zu beachten	Beispiel
Zur Verfügung stehender Gesamtbetrag			75.000 €
Abzüglich eines Betrags zur Absicherung der laufenden Ausgaben	2 durchschnittliche Monatsausgaben (abgerundet)	Abrutschen in den Dispositionskredit vermeiden.	-5.000 €
Abzüglich einer Reserve für Unvorhersehbares	6 Netto-Monatsgehälter		-15.000 €
Abzüglich des Geldes, das für größere Projekte in den nächsten 3–5 Jahren benötigt wird	Die Höhe des Betrags hängt vom Projekt ab. Beispiel: 12 Monate Sabbatical	Priorität hat die Sicherheit der Geldanlage.	-30.000 €
= Geld zum Investieren in langfristige Ziele		Priorität hat die Rendite der Geldanlage	25.000 €

Abbildung 15: Beispielberechnung des Investitionsbetrages (eigene Darstellung)

In dem Beispiel bleiben von dem Vermögen in Höhe von 75.000 €, 25.000 € für eine langfristige Investition übrig. Hinzu kommen 2.000 € aus den Sonderzahlungen.

Füllen Sie nun die relevanten Felder für sich aus. Ziehen Sie vom Gesamtbetrag eine Summe zur Absicherung Ihrer laufenden Ausgaben ab sowie eine Reserve für Unvorhersehbares, ferner das Geld, das Sie für größere Projekte in den nächsten drei bis fünf Jahren benötigen.

Ihr Ergebnis

Berechnung	**Berechnungs-grundlage**	**Beträge**
Zur Verfügung stehender Geldbetrag		
Abzüglich Absicherung laufender Ausgaben		
Abzüglich einer Reserve für Unvorhersehbares		
Abzüglich des Geldes für größere Projekte in den nächsten 3–5 Jahren	Ihr Projekt:	
Geld zum Investieren in langfristige Ziele		

Abbildung 16: Berechnung Ihres Investitionsbetrages (eigene Darstellung)

Ihr Einsatz und möglicher Erfolg

Im Beispiel stehen 27.000 € einmalig und 300 € monatlich für Investitionen zur Verfügung. Welches Vermögen damit durch Investieren unter den getroffenen Annahmen möglich ist, kann mit Hilfe eines Online-Rechners ermittelt werden. Im Internet finden sich mehrere, auch kostenfreie Rechner, wie zum Beispiel Offerio.

Mit den Werten und Annahmen aus dem Beispiel…

- Startkapital: 27.000 €
- Monatliche Sparrate: 300 €
- Durchschnittsrendite: 6,9 % pro Jahr
- Ansparzeit: 18 Jahre

…wird ein Endbetrag in Höhe von 215.493 €[21] errechnet.

Dieser Betrag würde ausreichen, um das Beispielvorhaben zu realisieren.

Üben Sie die Vorgehensweise, indem Sie Ihre Eckdaten eingeben.

- ☐ Startkapital:
- ☐ Monatliche Sparrate:
- ☐ Durchschnittsrendite:
- ☐ Ansparzeit:

Ermitteln Sie dann, welches Vermögen Sie mit Ihren Annahmen erzielen können.

---

[21] Ohne Verfasser: Offerio.de, Finanzrechner und Basiswissen, URL: https://www.zinsen-berechnen.de/sparrechner.php, [Abruf: 20.03.2021].

Planen Sie Ihren Weg zu Ihrem Ziel

Sie haben ein Bild Ihres Traumziels entworfen und kennen Ihren Startpunkt.

Bevor Sie den Weg zu Ihrem Ziel festlegen, überlegen Sie, welche Ihrer Werte Sie auf Ihrem Weg unterstützen.

Welche Asse haben Sie dafür im Ärmel?

- ❑ Fleiß
- ❑ Ordnung
- ❑ Ausdauer und Engagement
- ❑ Kompetenz
- ❑ Begeisterungsfähigkeit
- ❑ Neugierde

Die finanziellen Eckwerte für das Beispiel haben wir bereits errechnet. Wir haben ermittelt, wie viel Geld für das Traumziel benötigt wird, nämlich mindestens 152.000 €.

Außerdem wissen wir, wie viel das heute schon für eine langfristige Investition zur Verfügung stehende Geld erbringen könnte: 215.493 €. Aus dem Vergleich beider Beträge ergibt sich der Überschuss in Höhe von 63.493 €.

Im Beispiel passt also alles. Sollten Sie für sich jedoch einen Fehlbetrag festgestellt haben, erfahren Sie im Folgenden, wie Sie diesen ausgleichen können.

Sie wissen bereits, dass Ihnen unter den bestehenden Annahmen ein bestimmter Betrag zur Verwirklichung Ihres Traums fehlt.
Nun haben Sie zwei Möglichkeiten. Sie können zum einen das Ergebnis Ihrer Berechnung verändern, indem Sie die angenommene Rendite erhöhen. Allerdings wissen Sie nicht, ob das reines Wunschdenken ist oder der Markt sich tatsächlich so entwickelt.
Oder Sie wählen zum anderen eine Vorgehensweise, die Sie kontrollieren können.
Nachfolgend ein paar Ideen, um einen überschaubaren Betrag monatlich einzusparen.

Ideen zum Sparen

- ❑ Vermeiden Sie es, Ihr Girokonto zu überziehen und/oder die Flatrate Ihres Handys.
- ❑ Überprüfen Sie alle Versicherungsverträge. Gibt es die gleichen Leistungen zu günstigeren Konditionen? Falls ja, nehmen Sie sich einen halben Tag Zeit, kündigen Sie die alten Verträge und schließen Sie neue ab.
- ❑ Gehen Sie bei Strom- und Gasverträgen genauso vor.
- ❑ Überprüfen Sie Ihre Gewohnheiten. Können Sie Strafzettel durch leicht geändertes Verhalten zukünftig vermeiden?
- ❑ Wie sieht es mit Ihrem Konsumverhalten aus? Stellen Sie auch das auf den Prüfstand.

Konnten Sie ein Einsparpotenzial ermitteln und realisieren? Sehr gut.

Damit Sie dann nicht in alte Verhaltensmuster zurückfallen, setzen Sie sich Jahresbudgets für die einzelnen Ausgabenkategorien und tätigen Sie Ihre Ausgaben konsequenterweise nur noch innerhalb Ihrer Budgets. Planen Sie auch ein Budget ein, dass Sie ausschließlich für den Bereich Entspannung und Spaß verwenden, um über die Laufzeit Ihrer Investition, nicht die Lust zu verlieren.

Ihr Einkommen könnten Sie ebenfalls durch verschiedene Maßnahmen aufbessern. In der Regel sind 450 € zusätzlich pro Monat steuerfrei. Wie wäre es beispielsweise, eines Ihrer Hobbys zu vermarkten? Eine Freundin etwa zeichnet Comics und erhält dafür über eine Internetplattform von ihren Lesern kleine Eurobeträge. Insgesamt erzielt sie so 50 € und mehr pro Monat.

Haben Sie einen Weg zur Erhöhung Ihrer monatlichen Investitionsrate gefunden?

Sehr gut, dann ist es jetzt an der Zeit, den Weg vom Heute zum Traumziel zu planen.

In unserem Beispiel könnte ein möglicher Plan, um vom Ausgangspunkt zum Ziel zu gelangen, wie folgt aussehen:

Beispielplanung Teil 1

Eckpunkte	**Fragen**	**Beispielantworten**
Wunsch	Welchen Wunsch möchten Sie sich mit dem durch Investitionen verdienten Geld erfüllen?	Im Ruhestand drei Monate pro Jahr ohne finanzielle Sorgen auf Fuerteventura leben
Finanzielles Ziel	Denken Sie an die Zahl, die Sie auf Ihrem Konto sehen möchten.	152.000 €
Gegenleistung	Welche Gegenleistung möchten Sie dafür erbringen?	Ich eigne mir die notwendigen Kompetenzen an, treffe Investitions-entscheidungen und setze diese um.
Fälligkeits-datum	Wann möchten Sie Ihr Ziel erreicht haben?	31.01.2040
Hindernisse	Welche Hindernisse könnten sich Ihnen in den Weg stellen?	Ich verliere die Lust. Ich entscheide nicht. Ich investiere nicht. Der Markt entwickelt sich nicht wie angenommen. Ich werde nervös und verkaufe zu früh.

Abbildung 17: Beispielplanung Teil 1 (eigene Darstellung)

Beispielplanung Teil 2

Eckpunkte	Fragen	Beispielantworten
Plan	Schritt 1: Wissen aneignen	Ich eigne mir das notwendige Wissen an.
	Schritt 2: Entscheidungen treffen	Ich treffe die notwendigen Investitions-entscheidungen.
	Schritt 3: Entscheidungen umsetzen	Ich starte mit der Umsetzung, direkt nach Schritt 2.
	Schritt 4: Mögliche Hindernisse aus dem Weg räumen	Mögliche Probleme löse ich, wenn sie auftauchen.
	Schritt 5: Fortschritte kontrollieren	Ich kontrolliere einmal im Monat die Entwicklung meiner Investition.
	Schritt 6: Plan gegebenenfalls anpassen	Ich überprüfe meinen Plan jährlich und passe diesen, falls notwendig an.
	Schritt 7: Den Jahresbetrag entnehmen	Ich entnehme jährlich die Beträge, um mein Traumziel zu leben.
	Schritt 8: Aus dem Markt zurückziehen	Ich ziehe mich sukzessive aus dem Aktienmarkt zurück.
Agenda	Der Agenda bewusst folgen	Ab heute

Abbildung 18: Beispielplanung Teil 2 (eigene Darstellung)

Bitte dokumentieren Sie nun Ihr Vorhaben wie folgt:

Ihr Plan

Eckpunkte	**Ihre Antworten**
Ihr Wunsch	
Ihr finanzielles Ziel	
Ihre Gegenleistung	
Fälligkeitsdatum	
Hindernisse	
Plan	
Agenda	

Abbildung 19: Ihre Planung (eigene Darstellung)

So machen Sie den Realitätscheck

Denken Sie immer daran: Es geht hier allein um Sie. Das ist Ihr Plan, den Sie für sich umsetzen. Und sollte Sie der Gedanke beschleichen, dass dieses Vorhaben kompletter Unsinn ist, erkennen Sie den negativen Glaubenssatz. Fragen Sie sich, was Sie zweifeln lässt.

Halten Sie den Plan für unrealistisch?

Um zu überprüfen, inwieweit sich ein Vorhaben in die Tat umsetzen lässt, gehen Sie wie folgt vor:

Stellen Sie sich vor, Sie erreichen Ihr Traumziel. Lassen Sie dabei Ihre Gedanken umherschweifen. Überlegen Sie, welche Hindernisse sich Ihnen in den Weg stellen könnten. Sind diese wirklich unüberwindbar oder will Ihnen Ihr innerer Schweinehund nur Ausreden einflüstern? Wenn sich ein Ziel als realistisch und die Hindernisse als überwindbar herausstellen, denken Sie darüber nach, welches Verhalten Sie dafür einsetzen müssten. Passen Sie Ihren Plan so lange an, bis das mulmige Gefühl verschwunden ist.

Dann ist er perfekt und Sie können sich Ihren ersten Investitionsentscheidungen zuwenden.

Doch, bevor Sie anfangen, Ihre ersten Investitionsentscheidungen zu treffen, gönnen Sie sich eine Pause.

1.3 Wie Sie in Zukunft nur noch gute Geldentscheidungen treffen

„Die Zukunft kann man am besten voraussagen, wenn man sie selbst gestaltet."

Alan Kay

Ihre finanzielle Situation ist nicht perfekt? Das muss nicht so bleiben. Denn die Lage, in der Sie sich heute befinden, ist das Ergebnis früherer Entscheidungen. Das bedeutet, dass Sie die Situation durch neue, bessere Entscheidungen ins Positive umwandeln können.

Bevor Sie Ihren Traum leben, müssen Sie Ihr finanzielles Ziel erreichen. Auf dem Weg dahin erwartet Sie eine Vielzahl von Entscheidungen, die es zu treffen und umzusetzen gilt. Am Anfang der Entscheidungsreihe stand die Wahl Ihres Traumziels. Hat Spaß gemacht, oder? Weiter geht es mit den Entscheidungen über Ihren Geld- und Zeiteinsatz.

Danach dürfen Sie eine Investmentstrategie und zuletzt konkrete Anlageprodukte auswählen. Auf diese Weise schaffen Sie die Voraussetzungen für eine selbstbestimmte und erfolgreiche Geldanlage.

Im vorigen Kapitel haben Sie sich intensiv mit Ihren Wünschen beschäftigt. Diese sind jedoch nicht gleichbedeutend mit Ihrem Glück. Glück entsteht auf dem Weg zur Wunscherfüllung, aus Ihren eigenen Bemühungen, aus selbstbestimmtem Handeln.

Verschaffen Sie sich Glücksgefühle, indem Sie die anstehenden Entscheidungen überlegt treffen und entsprechend handeln.

Kompetenz als wichtigste Voraussetzung für gute Entscheidungen

Nur Menschen, die ihre Persönlichkeit kennen und über ausreichende Fach- und Methodenkenntnisse verfügen, sind in der Lage, gute Entscheidungen zu treffen.

Drei Merkmale guter Entscheidungen

- Sie passen zu Ihnen und Ihren Werten.
- Sie sind aus innerer Motivation entstanden und nicht durch Manipulation von außen.
- Sie lösen die Ursache eines Problems, nicht dessen Symptome.

2 Prinzipien gelten für jede Entscheidung[22]

- Jeder kann alles tun.
- Alles hat Konsequenzen.

Bereiten Sie sich auf die anstehenden Entscheidungen vor, indem Sie jetzt rekapitulieren.

- ❑ Ihre Werte
- ❑ Ihre Motivation

---

[22] Reinhard K. Sprenger: Die Entscheidung liegt bei dir! Wege aus der alltäglichen Unzufriedenheit, 13. Aufl., Frankfurt/M., New York 2004.

Gefühle können zu guten Entscheidungen führen oder in die Irre

Das menschliche Verhalten ist primär durch das Bauchgefühl bestimmt. Das kann von Vorteil sein, denn dadurch sind Menschen in der Lage, in unübersichtlichen Situationen intuitiv das Richtige zu tun.

Erfahrungsbasierte Emotionen helfen, Entscheidungen schneller zu treffen. Und bei Stress wird früh erkannt, wenn Bedürfnisse ignoriert und Grenzen überschritten werden. Jedoch ist das Bauchgefühl nicht für jede Entscheidung eine gute Grundlage, denn das menschliche Einschätzungsvermögen ist enorm fehleranfällig.

Erinnern Sie sich noch an Kapitel 1.1, in dem Sie sich mit unbewussten Überzeugungen beschäftigt haben? Diese Problematik kommt hier zum Tragen. Entscheidungen werden von Gefühlen beeinflusst, die das Unterbewusstsein erzeugt. Diese Gefühle leiten unter Umständen in die Irre. Deshalb sollten sich insbesondere Menschen, die mit der Investition in Aktien schlechte Erfahrungen gemacht haben, nicht auf ihr Bauchgefühl verlassen, sondern die anstehenden Entscheidungen bewusst treffen.

Denkfallen können gute Entscheidungen verhindern oder unterstützen

Es gibt eine Reihe von Täuschungen, die Menschen zu einer Entscheidung verleiten können, die aber nicht ihren Werten entspricht.

Die folgenden Denkfallen sind gerade für Geldentscheidungen relevant.

Denkfallen

- Menschen finden das Wort „gratis" unwiderstehlich: Schnäppchen zu jagen, macht vielen Menschen Spaß. Sie wähnen sich dabei schlau und gerissen. Dieses Gefühl ist für viele ein unersetzbarer Zusatznutzen. Allerdings kann es Menschen dazu verleiten, Entscheidungen zu treffen, die nicht gut für sie sind.
- Erwartungen und Erfahrungen beeinflussen das Verhalten: Sind sie unrealistisch und ungeeignet für die Entscheidungssituation, können schlechte Entschlüsse die Folge sein.
- Menschen halten sich möglichst viele Optionen offen: Sie wollen damit in einer ungewissen Welt auf alle Unwägbarkeiten reagieren können. Allerdings verpassen sie, die notwendigen Entscheidungen zeitnah zu treffen.
- Trotz, Ärger und Stolz verhindern ökonomisches Verhalten: Wenn Menschen sich betrogen fühlen, wollen sie keinen besseren Deal aushandeln. Und weil sie einmal im Leben schlechte Erfahrungen mit Aktien gemacht haben, lehnen sie unter Umständen Aktieninvestments für den Rest ihres Lebens komplett ab.

- Menschen neigen dazu, der Gegenwart bei Entscheidungen mehr Gewicht zu verleihen als der Zukunft: Dies kann dazu führen, dass Menschen ihr ganzes Geld für Spontankäufe ausgeben und keinen Teil in ihre Zukunft investieren.
- Menschen vermeiden lieber den Verlustschmerz, als einen vergleichbaren Nutzen zu erzielen: Täuschungen, die aus diesem Umstand entstehen, können bei Investitionen sogar hilfreich sein. Denn dabei hat das Vermeiden von Verlusten oberste Priorität. Man darf sich dadurch jedoch nicht davon abhalten lassen, überhaupt zu investieren.

Die Entscheidungssituation selbst kann sehr herausfordernd sein

In wirtschaftlichen Entscheidungssituationen ist es praktisch unmöglich, optimale Entscheidungen zu treffen. Für eine optimale Entscheidung müsste man über alle Informationen verfügen und alle Kombinationen unter Berücksichtigung aller Faktoren vorab durchspielen können.

Zudem ist die wirtschaftliche Entwicklung durch die stark unterschiedlichen Interessenlagen der Marktteilnehmer geprägt. Börsenprofis kennen die treibenden Kräfte an den Wertpapiermärkten und nutzen diese für ihre eigenen Zwecke.

Eine zusätzliche Komplexität liegt in der Präsentation von Informationen zur wirtschaftlichen Entwicklung. Jede Marketingabteilung kennt die zahlreichen Denkfallen und setzt sie für die Ziele des eigenen Unternehmens ein. Risiken werden in den Medien oft so präsentiert, dass sie unnötig Angst schüren.

Die falsche Interpretation oder Präsentation von Wahrscheinlichkeiten kann ebenfalls einschneidende Auswirkungen auf zukünftigen Entscheidungen haben.[23]

Die Entscheidungssituation können Sie nicht ändern. Jedoch ist die Kenntnis der Herausforderungen für das Verständnis der Aktienmärkte, mit deren Vielzahl an Auswahlmöglichkeiten und kurzfristigen Entwicklungen, nützlich.

Mithilfe der nachfolgend vorgestellten Methoden können Sie auch in herausfordernden Entscheidungssituationen gute Entscheidungen treffen.

---

[23] Gerd Gigerenzer: Risiko. Wie man die richtigen Entscheidungen trifft, München 2014.

Sieben Methoden, um gute Entscheidungen zu treffen[24]

Im Folgenden lernen Sie Methoden kennen, mit denen Sie sicherstellen können, dass Sie für sich gute Entscheidungen treffen.

Methoden

(1) Schließen Sie mithilfe dreier Fragen von den Symptomen auf die Ursache eines Problems.
Lösen Sie mit Ihrer Entscheidung die Ursache, nicht ein Symptom.
Sehen Sie selbst anhand des folgenden Beispiels, wie das funktioniert.
Warum bin ich unzufrieden? Weil ich zu wenig Geld habe, um mir das leisten zu können, was ich mir wünsche.
Warum habe ich zu wenig Geld? Weil ich alles ausgebe.
Warum gebe ich alles aus? Weil es mir ein gutes Gefühl gibt, spontan Sachen aus der Werbung zu kaufen.
Die Antwort auf die dritte Frage ist das Problem, das Sie mit Ihrer Entscheidung lösen wollen.

(2) Gehen Sie offen und neugierig auf Kritiker zu. Sollten Sie zum Beispiel auf Personen treffen, die Ihre Investmentstrategie infrage stellen, bemühen Sie sich unvoreingenommen, die Begründung für ihre ablehnende Haltung zu verstehen.

---

[24] Philip Meissner: Entscheiden ist einfach. Wenn man weiß, wie es geht, Frankfurt/M., New York 2019.

(3) Spielen Sie mögliche negative Konsequenzen der Entscheidung und ein Scheitern vorher gedanklich durch. Damit stellen Sie sicher, dass Sie die positiven Folgen einer Entscheidung nicht überbewerten und die negativen nicht verdrängen. Überlegen Sie: Was könnte in Zukunft schiefgehen? Was ist bereits schiefgegangen? Schreiben Sie im Anschluss fünf Minuten lang Gründe auf, die zum Scheitern geführt haben. Denken Sie sich Maßnahmen aus, die ein Scheitern verhindern würden.

(4) Mit der folgenden Methode können Sie irrationale Ängste vor den Risiken einer Entscheidung abbauen. Stellen Sie sich die wirklichen Folgen einer Entscheidung vor. Welche Folgen erwarten Sie in 10 Minuten? In 10 Monaten? In 10 Jahren?

(5) Denken Sie in Ruhe über wichtige Entscheidungen nach und setzen Sie sich einen Termin, an dem Sie spätestens entscheiden.

(6) Machen Sie sich das Entscheiden zur täglichen Gewohnheit.

(7) Analysieren Sie Ihre letzten großen Entscheidungen. Überlegen Sie, was gut und was weniger gut war sowie welche Methoden Sie intuitiv angewandt und welche Sie vernachlässigt haben. Auf diese Weise können Sie herausfinden, was Sie zukünftig besser machen können. Sie trainieren darüber hinaus Ihre Fähigkeit zu guten Spontanurteilen, die, wenn es schnell gehen muss, einer bewussten Abwägung überlegen sind.

Tipp: Akzeptieren Sie falsche Entscheidungen der Vergangenheit. Sie ließen sich nicht vermeiden. Fehler schärfen Ihre Wahrnehmung für Probleme und helfen Ihnen so dabei, diese in Zukunft zu vermeiden. Außerdem führt die Angst vor Fehlern oft zu schlechten Entscheidungen.

Entscheiden Sie über Ihren Einsatz

Da Sie das vorliegende Buch bis zu dieser Stelle gelesen haben, haben Sie sich bereits auf den Weg zum Investor gemacht.
Sie wollen sich damit einen großen Wunsch erfüllen. Sie wissen, wenn Ihre Annahmen zutreffen, werden Sie Ihr Traumziel erreichen.
Sie wissen auch, dass die Zukunft nicht vorhersehbar ist und dass es Risiken gibt, mit denen Sie umgehen müssen.
Dieser Situation stellen Sie sich mit dem bestmöglichen Ansatz, diese Risiken zu vermeiden.

Entscheiden Sie sich explizit dafür oder dagegen, Investor zu werden.

- ❑ Ich entscheide mich dafür, Verbraucher zu bleiben.
- ❑ Ich entscheide mich dafür, Investor zu werden.

Falls Sie das jetzt noch nicht können, lesen Sie weiter und kehren später zu dieser Seite zurück.
Falls Sie sich für das Investieren entschieden haben, gehen Sie einen Schritt weiter und spezifizieren Sie Ihre Entscheidung.

Im Beispiel hat sich der Anleger entschieden, 27.000 € einmalig und 300 € monatlich ab sofort für sein Ziel zu investieren.

Den Zielbetrag in Höhe von 152.000 € für 3 Monate Entspannen auf Fuerteventura pro Jahr will der Investor 2040 erreicht haben.

Welches Ziel wollen Sie erreichen? Wann können Sie starten? Wieviel Geld sind Sie bereit, einmalig und monatlich zu investieren? Notieren Sie nachfolgend Ihre Entscheidungen:

- ❑ Mein Startdatum:
- ❑ Mein Investitionsbetrag zum Start:
- ❑ Mein monatlicher Investitionsbetrag:
- ❑ Zieldatum:
- ❑ Zielbetrag:

Gratulation! Sie haben sich entschieden, Investor zu werden und die Rahmenbedingungen fixiert.

Treffen Sie die eine Entscheidung, die Sie nachts gut schlafen lässt

„Nur ein Tor probiert mit beiden Beinen, wie tief das Wasser ist."

Weisheit aus Afrika

Sie haben sich entschieden, Geld und Zeit zu investieren, um Ihr persönliches Traumziel zu erreichen.
Aus dem Beispiel in der Einleitung wissen Sie, dass insbesondere Aktien über ein Wachstumspotenzial verfügen. Ein zweistelliger jährlicher Gewinn ist durchaus möglich.
Allerdings ist eine Investition in Aktien auch mit Risiken verbunden, denn die Zukunft ist und bleibt unbekannt. Niemand weiß, wie sich die Aktienmärkte während der Laufzeit Ihrer Geldanlage entwickeln werden.
Privatanleger können die mit einer Investition in Aktien verbundenen Risiken managen, indem sie nur einen Teil des zum Investieren zur Verfügung stehenden Geldes in Aktien anlegen. Für den anderen Teil nutzen sie sichere Anlageformen, wie zum Beispiel das Tagesgeld. Dafür verzichten sie auf einen Teil Ihrer zukünftigen Rendite.
Anhand der folgenden Kriterien kann man mit einem guten Gefühl entscheiden, wie hoch der Aktienanteil des eigenen Wertpapierportfolios sein soll:

Kriterien

- Die persönliche Risikoneigung
- Die persönliche Risikotragfähigkeit
- Die verbliebenen Jahre bis zur Rente

Ihre Risikoneigung haben Sie bereits durch die Bestimmung Ihres Risikotyps ermittelt. Aus der Analyse Ihrer finanziellen Ausgangslage können Sie schließen, wie viel Risiko Sie verkraften, wie hoch Ihre Risikotragfähigkeit ist. Je älter Sie sind, umso weniger Risiko können Sie sich leisten, weil Ihnen bis zur Rente weniger Jahre zum Ausgleich bleiben.

Die Entscheidungssituation

Bei einer Investition in Aktien ist die Entscheidungssituation ungewiss, da nicht alle Möglichkeiten bekannt sind und auch nicht klar ist, wie viele Möglichkeiten es überhaupt gibt. Deshalb lässt sich das mit der Entscheidung verbundene Risiko auch nicht bewerten.

In solchen Situationen können bei Entscheidungsfindungen Faustregeln helfen. Oft sind diese sogar besser als komplexe Lösungen für das gleiche Problem. Eine Faustregel ist zum Beispiel als 1/N bekannt: Ein Vermögen sollte zu gleichen Teilen auf N Investitionsmöglichkeiten aufgeteilt werden. Das klingt simpel. Die Finanzindustrie hat dafür komplizierte Algorithmen entwickelt, die die empfohlenen Anteile viel genauer berechnen und mehr Faktoren einbeziehen.

Doch als eine große Versicherungsfirma ihre Investitionen aus den Jahren 1969 bis 2014 näher analysierte, stellte sich heraus, dass 1/N bessere Ergebnisse lieferte als der komplexere Ansatz. Der Aktienmarkt und die Finanzwelt sind so unvorhersehbar und komplex, dass kein anderes Modell verlässlichere Zahlen bietet.[25]

Nach dieser Faustformel können Sie sich für folgende Aufteilung entscheiden: 50 % des Betrags in eine sichere Anlageform – 50 % in Aktien.

---

[25] Gerd Gigerenzer: Risiko. Wie man die richtigen Entscheidungen trifft, München 2013.

Ihre Risikotragfähigkeit

Sie haben sich bereits mit Ihrer Risikopersönlichkeit beschäftigt und kennen Ihre Risikobereitschaft.

Sind Sie eher risikoavers, also risikoscheu, empfiehlt sich die Aufteilung von 75 % auf sicher zu 25 % auf Wachstum.

1 Defensives Portfolio

Portfolio	Sicher	Renditestark
Defensiv	75 %	25 %

Haben Sie dagegen Lust auf Risiko, machen Sie mit 25 % sicher und 75 % auf Wachstum weiter.

2 Offensives Portfolio

Portfolio	Sicher	Renditestark
Offensiv	25 %	75 %

Verfügen Sie über eine durchschnittliche Risikobereitschaft, bleiben Sie bei 50 % zu 50 %.

3 Ausgeglichenes Portfolio

Portfolio	Sicher	Renditestark
Ausgeglichen	50 %	50 %

Abbildung 20: Drei Portfoliovarianten (eigene Darstellung)

Anleger, denen ein fünfstelliger Betrag für eine langfristige Investition zur Verfügung steht, die bereits für ihre Rente vorgesorgt haben und deren Einkommen gesichert ist, besitzen eine hohe Risikotragfähigkeit. Es gilt: Je höher die

Risikotragfähigkeit ist, umso größer darf der Aktienanteil des Portfolios werden.
Bleiben Sie bei Ihrer Aufteilung oder kommen Sie unter Einbeziehung Ihrer Risikotragfähigkeit zu einer neuen Aufteilung ihres Wertpapierportfolios?

Ihre Zeit bis zur Rente

Berücksichtigen Sie bei Ihrer Entscheidung unbedingt auch die Zeit, die Ihnen aufgrund Ihres heutigen Alters bis zur Rente bleibt, sowie die Jahre, die Sie als Rentner voraussichtlich leben werden.
Grundsätzlich gilt: Je älter Sie sind, desto weniger Zeit haben Sie, Zeiten auszusitzen, in denen die Kurse zurückgehen. Und als Rentner leben Sie im Durchschnitt noch 20 Jahre.
Sind Ihre Ergebnisse eindeutig? Dann liegt die richtige Entscheidung klar vor Ihnen. Gibt es widersprüchliche Ergebnisse, empfiehlt sich die ausgeglichene Portfoliovariante.

Entscheiden Sie sich für eine Portfoliovariante. Danach teilen Sie die Beträge, die Sie einmalig und monatlich investieren möchten, wie unten dargestellt auf und tragen das Ergebnis in die Tabelle ein:

Ihre Entscheidung - Ihr Portfolio

Portfolio	**Varianten**		**Beispiel**		**Ihr Portfolio**	
	Sicher	**Rendite**	**Sicher**	**Rendite**	**Sicher**	**Rendite**
Offensiv Einmalig Monatlich	25 %	75 %	6.750 75 €	20.250 225 €		
Ausgeglichen Einmalig Monatlich	50 %	50 %				
Defensiv Einmalig Monatlich	75 %	25 %				

Abbildung 21: Ihre Portfolio-Aufteilung (eigene Darstellung)

Geschafft! Sie haben die drei grundlegenden Entscheidungen getroffen. Sie haben sich entschieden, Investor zu werden. Als Investor haben Sie die Beträge, die Sie investieren werden und Ihre Portfolioaufteilung festgelegt. Nun sind Sie mental bestens vorbereitet, tiefer in die Thematik Aktien einzusteigen.

Teil 2

2. Sichere Geldanlage – Wissen ist Macht: Die wenigen wirklich wichtigen Zusammenhänge schnell und einfach erklärt

Erfahren Sie mehr über die spannenden Zusammenhänge zwischen Wirtschaft und Aktienmarkt und wie Sie dieses Wissen für Ihre Investitionsentscheidungen nutzen können.
Sich mit der Funktionsweise der Wirtschaft und der Aktienmärkte zu beschäftigen, wird Ihnen mehr Spaß machen, als Sie es sich momentan noch vorstellen können. Wenn Sie bereit sind, sich mit den fünf Wirtschaftsmechanismen auseinanderzusetzen, werden Sie verstehen, warum und auch wie die Wirtschaft und die Aktienmärkte in den vergangenen Jahrzehnten gewachsen sind.
Die Logik der Investitionsstrategie in Aktien-ETF, die auf dem Marktwachstum aufbaut, werden Sie ganz und gar nachvollziehen können. So werden Sie Sicherheit für Ihre Geldanlageentscheidungen gewinnen.
Das dafür notwendige Wissen eignen Sie sich auf diesem Wege nahezu nebenbei an. Sie werden Wirtschaftsnachrichten besser einschätzen können und müssen nicht mehr jedem Tipp von selbst ernannten Experten blind vertrauen.
Zugegebenermaßen gibt es unüberschaubar viele Informationen zu dem Thema. Es lohnt sich, neugierig und aufmerksam zu bleiben, sich weiterzubilden und manche neuen Aspekte in Ruhe zu durchdenken. Doch Vorsicht: Häufig handelt es sich auch um Althergebrachtes, lediglich in neuer, aufwendiger Verpackung. Aufgebauschte, im Grunde allerdings wenig interessante Ereignisse und Neuerungen werden Sie auf Anhieb als solche erkennen und entlarven.

Sparen Sie also Ihre Energie, indem Sie sich auf das Notwendige konzentrieren. Um alles andere können Sie sich dann später kümmern.
Je mehr Zeit Sie sich nehmen, sich in alle hier vorgestellten Aspekte zu vertiefen, desto besser werden Sie die Grundlagen verstehen und umso leichter werden Ihnen Ihre Investitionsentscheidungen fallen.
Und Sie werden mit einem guten Gefühl handeln.

2.1 Wirtschaft und Aktienmarkt

Empfinden Sie die Wirtschaft als so komplex, dass Sie es aufgegeben haben, sich damit zu beschäftigen?
Dann kommt hier die gute Nachricht: Es existieren nur fünf grundlegende Mechanismen, die Sie kennen und verstehen sollten, um gute Investitionsentscheidungen zu treffen.
Warum ist das Wissen um die Funktionsweise der Wirtschaft für eine erfolgreiche Investition am Aktienmarkt wichtig?
Der Erfolg einer Investition in Aktien mithilfe von ETF basiert auf einem grundlegenden Prinzip: dem Marktwachstum. Wenn Sie verstehen, warum Märkte in der Vergangenheit gewachsen sind, können Sie die zukünftige Marktentwicklung sicherer einschätzen und so Vertrauen aufbauen für Ihre Investition am Aktienmarkt.

(1) Wirtschaftliche Abläufe wiederholen sich ständig[26]

Immerzu werden Waren, Dienstleistungen und Finanzanlagen gegen eigenes Geld oder aufgenommenes Geld (Kredit) getauscht.
Die Wirtschaftsakteure, Unternehmen, private Haushalte, Banken und Staat, handeln kontinuierlich miteinander.
Unternehmen produzieren Güter und Dienstleistungen und verkaufen diese an private Haushalte gegen Entgelt.
Private Haushalte kaufen Güter und Dienstleistungen von Unternehmen. Die notwendigen finanziellen Mittel für diese Konsumausgaben beschaffen sie sich von den Unternehmen,

---

[26] Ray Dalio: Productivity and structural reform. Why countries succeed and fail, and what should be done so failing countries succeed (Stand: 2017), URL: https://economicprinciples.org/downloads/ray_dalio__how_the_economic_machine_works__leveragings_and_deleveragings.pdf [Abruf: 14.10.2020].

indem sie ihre Arbeitsleistung, Boden und/oder Kapital zur Verfügung stellen und dafür Lohn, Miete und Zinsen erhalten.
Banken vergeben Kredite gegen Zinsen an Unternehmen, Privathaushalte und an den Staat. Sie verwalten Spareinlagen gegen Gebühr und Zahlung von Zinsen.
Der Staat bezieht Arbeitsleistung und Steuern von den Privathaushalten. Er liefert Einkommen, staatliche Güter und Transferleistungen. Von den Banken bekommt er Kredite und zahlt dafür Zinsen und Gebühren. Die Unternehmen bekommen vom Staat Aufträge und Subventionen und zahlen an ihn Steuern und Abgaben.

(2) Das Streben nach Gewinn- und Nutzenmaximierung treibt zum Wachstum[27] an

Das Unternehmenswachstum ist das Hauptmotiv unternehmerischen Handelns. Wachstum bedeutet für Unternehmen Größenvorteile, steigende Attraktivität an den Arbeits- und Kapitalmärkten sowie eine höhere Marktmacht. Es sichert somit ihr Überleben. Die Erzielung von Gewinnen ist dafür unabdingbare Voraussetzung.
Das Wirtschaftswachstum ist ein Hauptziel der staatlichen Wirtschaftspolitik. Durch Wachstum entsteht eine größere Verteilungsmasse, sodass soziale Ziele leichter erreicht werden können. Deshalb ist in Deutschland ein stetiges und angemessenes Wirtschaftswachstum neben einem außenwirtschaftlichen Gleichgewicht, niedriger Arbeitslosigkeit und einem stabilen Preisniveau als Hauptziel im Stabilitäts- und Wachstumsgesetz von 1967 verankert. Ebenso findet sich dieses Ziel im Stabilitäts- und Wachstumspakt der Europäischen Union.

---

[27]Andreas Schäfer: Wachstum, in: Gabler Wirtschaftslexikon (Stand: 19.02.2018), URL: https://wirtschaftslexikon.gabler.de/definition/wachstum-48617/version-271868 [Abruf: 14.10.2020].

Der Staat hat nicht nur ein großes Interesse an einem kontinuierlichen Wirtschaftswachstum, sondern auch die dafür notwendigen Instrumente. Die Regierung kann Steuern erhöhen oder senken, Ausgaben erhöhen, Subventionen bereitstellen und Schulden aufnehmen. Die Zentralbanken können zudem über die Leitzinsen und die Ausgabe neuer Banknoten Einfluss auf die gesamtwirtschaftliche Lage nehmen.

(3) Die Produktivität[28] einer Wirtschaft wächst langfristig

Langfristig betrachtet steigt die Menge der produzierten Güter und Dienstleistungen im Verhältnis zu den eingesetzten Produktionsfaktoren Arbeitsleistung, Kapital und Boden kontinuierlich an. Der technische Fortschritt befeuert die Produktivität, indem er die Zahl der Beschäftigten, die für die Erstellung einer Produktionseinheit gebraucht werden, verringert.

(4) Kurzfristig verläuft die Produktivität in Wellen

Die Möglichkeit, Kredite aufzunehmen, lässt die Produktivitätskurve zeitnah steigen, weil dadurch mehr Geld für Produktion und Konsum zur Verfügung steht. Wenn Kredite zurückgezahlt werden müssen und dadurch weniger Geld verfügbar ist, geht die Kurve nach unten. Dieser Wirtschaftszyklus hat zwei Abschnitte und wiederholt sich in der Regel alle vier bis elf Jahre. In der Expansionsphase steigt die Produktionsmenge solange an, bis alle Kapazitäten ausgelastet sind. An diesem Wendepunkt sind Unternehmen gezwungen, Kredite aufzunehmen, um in größere Anlagen investieren zu können. Die Kreditaufnahme verursacht Kosten in Form von

---

[28] Michael Horvath: Produktivität, in: Gabler Wirtschaftslexikon (Stand: 19.02.2018), URL: https://wirtschaftslexikon.gabler.de/definition/produktivitaet-46151/version-269437 [Abruf: 14.10.2020].

Zinsen, die die Unternehmen an die privaten Haushalte weitergeben. Die Preise steigen. Das wirkt sich negativ auf die private Nachfrage aus. Dies führt zu einer Unterauslastung der Produktionskapazitäten und zur Entlassung überschüssiger Mitarbeiter. Die Einkommen der privaten Haushalte sinken und somit auch deren Konsumausgaben. Diese Phase wird Rezession genannt. Der Wendepunkt zwischen einer Expansionsphase und einer Rezession wird als Krise bezeichnet.
Bei der Rückkehr von Rezension zu Expansion kann die Produktivitätskurve die Form eines V, eines U oder eines L annehmen, abhängig davon, wie schnell die Produktivität auf ihren ursprünglichen Wachstumskurs zurückgebracht werden kann.

- V-Verlauf: Nach kurzem Absturz geht es ebenso steil wieder bergauf. Der Finanzierungsstrom sorgt dafür, dass die Produktivität schnell auf das Vorkrisenniveau steigt.
- U-Verlauf: Die Wirtschaftskraft fällt steil ab und verharrt für längere Zeit auf niedrigem Niveau. Sie nimmt erst nach zwei oder mehr Jahren wieder stark zu.
- L-Verlauf: Die Produktivität stürzt steil ab und entwickelt sich danach seitlich. Es herrscht eine dauerhafte Arbeitslosigkeit, es fehlt an Geld.

Der L-förmige Verlauf ist das Worst-Case-Szenario, das sich alle 75 bis 100 Jahre wiederholt. Der Finanzierungsstrom ist dauerhaft unterbrochen, weil die Tilgungsbeträge der Kredite schneller als die Einkommen wachsen. Der anfängliche Boom, auch Hochkonjunktur genannt, führte zu einer Blase. Die letzten Blasen platzten 1929 und 2008.

In der darauffolgenden Phase der Depression ist der Staat gefragt, um die Wirtschaft wieder anzukurbeln. Wie oben bereits erwähnt, helfen bestimmte Maßnahmen, den Produktivitätsverlauf zurück auf seinen Wachstumskurs zu bringen: ein konsequenter Schuldenabbau durch Ausgabenkürzung, ein Schuldenschnitt sowie der Transfer von Wohlstand. Bei Letzterem werden die Steuern bei den Wohlhabenden erhöht oder neues Geld durch die Zentralbank geschöpft, die Finanzanlagen und Staatsanleihen kauft.

(5) Einzelne Branchen sind unterschiedlich stark vom Verlauf der Konjunktur abhängig[29]

Nicht zyklische Branchen sind weniger abhängig von den Konjunkturphasen. Sie zeigen deshalb gerade in schwachen Wirtschaftsphasen eine bessere Leistung als konjunkturabhängige Branchen.

Die Reihenfolge, in der die Branchen ihren Höhepunkt erleben, ist in der nachfolgenden Tabelle mit Ziffern dargestellt.

Von einem wirtschaftlichen Aufschwung profitiert zunächst der Maschinenbau, dann die Chemiebranche und so weiter.

In der Phase der Hochkonjunktur folgen die Automobilbranche sowie Handel und Konsum.

Nahrungsmittel werden dagegen immer benötigt, ebenso Medikamente, Strom, Gas, Versicherungen und Rohstoffe. Deshalb sind Branchen, die diese Güter herstellen beziehungsweise anbieten, relativ unabhängig von der herrschenden Konjunkturphase.

---

[29] Brigitte Wallstabe-Watermann u. a.: Anlegen mit ETF. Geld bequem investieren mit ETF und Indexfonds, hrsg. v. Stiftung Warentest, 2. akt. Aufl., Berlin 2020, S. 137.

Konjunkturabhängige und konjunkturunabhängige Branchen

Konjunkturabhängige Branchen		Konjunkturunabhängige Branchen
Aufschwung	**Hochkonjunktur**	**Abschwung**
1 Maschinenbau	6 Automobile	8 Nahrungsmittel
2 Chemie	7 Handel, Konsum	9 Pharmaindustrie
3 Technologie, Telekommunikation		10 Versorger
4 Stahl, Bauindustrie		11 Versicherungen, Banken
5 Medien		12 Rohstoffproduzenten

Abbildung 22: Ein Wirtschaftszyklus (eigene Darstellung nach Wallstabe-Watermann u.a.: Anlegen mit ETF, Berlin 2020)

Tauschgeschäfte zwischen Wirtschaftsakteuren finden auf speziellen Märkten statt.

Am Aktienmarkt kommen Unternehmen, die Anteile an ihrem Unternehmen verkaufen wollen, und private Haushalte, die Aktien erwerben wollen, zusammen.
Die Transaktionen am Aktienmarkt sind staatlich genehmigt und haben verschiedene Vorteile. Sie sind kostengünstig, schnell, sicher. Wertpapiere können jederzeit gekauft und verkauft werden.
Der Preis eines Unternehmensanteils wird durch das gesamte Angebot und die gesamte Nachfrage bestimmt. Die Nachfrage nach Aktien ist von der Geldmenge abhängig, die für die Investitionen in Aktien zur Verfügung steht, sowie davon, wie die Mehrheit der Aktionäre die Zukunft einschätzt. Sind die zu erwartenden Einnahmen positiv, steigen die Kurse.
Natürlich gibt es auch Situationen, in denen die Zukunftseinschätzung eines Unternehmens durch die Aktionäre negativ ausfällt oder sich die Einschätzung ins Negative verkehrt. Das kann sehr schnell gehen.
Erinnern Sie sich an den VW-Dieselskandal? Der VW-Aktienkurs fiel kurzzeitig in den Keller, nachdem die Presse über die Manipulation von Abgaswerten bei VW berichtet hatte.
Der Autobauer hat sich zwischenzeitlich wieder davon erholt - bei einem kleineren Unternehmen hätte ein Skandal dieses Ausmaßes allerdings die Insolvenz bedeuten können und für die Anleger den Totalverlust ihres eingesetzten Kapitals.

Ein Index repräsentiert die Entwicklung eines gesamten Aktienmarktes

Der Verlauf eines Aktienkurses bildet die Wertentwicklung eines Unternehmens ab.

Ein Index zeigt, wie sich eine Branche, ein Land oder eine Gruppe von Unternehmen, die sich durch gemeinsame Merkmale auszeichnen, am Aktienmarkt entwickelt haben.
Der Wert eines Index entspricht der gewichteten Summe der Aktienkurse der in den Index gehörenden Unternehmen.

Alle Aktienmärkte entwickelten sich positiv in den vergangenen zehn Jahren[30]

Die Wertentwicklung wird durch den MSCI Index des jeweiligen Landes dargestellt. Die Länder werden nach Industrienationen und Schwellenländer klassifiziert.
Wie Sie anhand der nachfolgenden Tabellen erkennen können, ist der US-amerikanische Aktienmarkt der größte und konnte auch die höchste Wertsteigerung in den letzten zehn Jahren pro Jahr verzeichnen. Obwohl deutlich kleiner zeigten auch die Schweiz, Taiwan, die Niederlande und Hongkong ein zweistelliges Wachstum. Kurzfristige Kurseinbrüche in signifikanter Höhe gab es in jedem Markt.
Die Börsen der Schwellenländer sind bis auf die chinesische relativ klein. Auch wenn die Wertentwicklung einiger Marktplätze – wie China, Südkorea, Indonesien, Russland – mit den Industrienationen mithalten kann, sind die kurzfristigen Kurseinbrüche bei einigen Ländern nahe am Totalverlust.

[30] Annika Krempel: Finanzen verstehen. 100 Infografiken zu Versicherungen, Steuern und Geldanlangen, hrsg. v. Stiftung Warentest, Berlin 2020, S. 12, 13.

Die Aktienmärkte der Industrienationen, nach Größe sortiert

Industrienation	Markt-Kapitalisierung	Wert-Entwicklung 10 Jahre	Maximaler Kursrückgang seit 12/1994
USA	21.599 Mrd. €	16,4 %	> -60 %
Japan	2.545 Mrd. €	9,5 %	> -60 %
Großbritannien	1.713 Mrd. €	7,7 %	> -50 %
Frankreich	1.225 Mrd. €	8,7 %	> -50 %
Kanada	1.120 Mrd. €	6,9 %	> -50 %
Schweiz	1.033 Mrd. €	12 %	-44 %
Deutschland	969 Mrd. €	8,6 %	> -60 %
Australien	698 Mrd. €	7,8 %	> -50 %
Taiwan	544 Mrd. €	11,9 %	> -60 %
Niederlande	467 Mrd. €	11,4 %	> -50 %
Hongkong	380 Mrd. €	10,8 %	> -50 %

Abbildung 23: Marktwachstum Industrienationen (eigene Darstellung nach: Annika Krempel: Finanzen verstehen, Berlin 2020)[31]

[31] Siehe vorherige Fußnote, S. 12, 13 (Quellen: Datastream, MSCI, eigene Berechnungen. Untersuchungszeitraum: 31.12.1994 bis 31.12.2019).

Die Aktienmärkte der Schwellenländer, nach Größe sortiert

Schwellenland	**Markt-Kapitalisierung**	**Wert-Entwicklung 10 Jahre**	**Maximaler Kursrückgang seit 12/1994**
China	1.762 Mrd. €	8,2 %	-84 %
Südkorea	562 Mrd. €	8,2 %	-78 %
Indien	425 Mrd. €	6,4 %	> -60 %
Brasilien	299 Mrd. €	1,9 %	> -60 %
Südafrika	202 Mrd. €	5,9 %	>-50 %
Russland	191 Mrd. €	7,5 %	-92 %
Mexiko	101 Mrd. €	3,8 %	> -50 %
Indonesien	91 Mrd. €	8,4 %	-93 %
Malaysia	80 Mrd. €	5,5 %	-86 %

Abbildung 24: Marktwachstum Schwellenländer (eigene Darstellung nach Annika Krempel: Finanzen verstehen, Berlin 2020)[32]

[32] Siehe vorherige Fußnote.

Die Aktienmärkte durchlaufen Phasen des Auf- und des Abschwungs

Ist genügend Geld vorhanden, hängt die Kursentwicklung an den Börsen vor allem von der Einschätzung der Wertentwicklung durch die Mehrheit der Anleger ab. Alle Börsianer haben ein grundlegendes Ziel: durch Ausnutzung aller sich bietenden Vorteile zu Geld und Reichtum kommen. Jeder Anlegertyp verfolgt dabei eine andere Strategie. Der Investor ist langfristig orientiert und investiert Geld, um damit eine Wertsteigerung seiner Investition zu erzielen. Er setzt auf Aktien einzelner Unternehmen, die er mithilfe von Fundamentalanalysen bewertet. Im Gegensatz dazu agiert der Spekulant sehr kurzfristig und strebt im Wettbewerb mit anderen Börsenakteuren die Maximierung seines Gewinns an und riskiert dafür große Verluste.[33]

Anlegertypen

Anleger-typen	Planungs-Horizonte	Interessen	Ziele	Motivation
Investor	Langfristig	Investition	Wert-steigerung	Vermehrung des eingesetzten Kapitals
Finanz-akrobat	Kurzfristig	Komplexe Produkte	Sehr hohe Gewinne	Gier, Größenwahn
Spekulant	Kurzfristig	Börsen-zyklen	Gewinn	Gier
Spieler	Kurzfristig	Gewinn	Gewinn	Nervenkitzel

Abbildung 25: Anlegertypen (eigene Darstellung nach Heribert Wienkamp: Anreiz, Risiko, Ruin, Berlin 2019)

[33] Herbert Wienkamp: Anreiz, Risiko, Ruin. Finanzpsychologie für jedermann, Berlin 2019, S. 63 ff.

Kapitalmärkte sind grundsätzlich nicht berechenbar. Neben dem Verhalten der einzelnen Anlegertypen steuern auch zufallsbedingte Ereignisse das Geschehen. Entwicklungen und Geschehnisse der Vergangenheit wiederholen sich nicht zwangsläufig. Jedoch lässt sich die Wellenbewegung, die Sie von dem Produktivitätsverlauf der Wirtschaft kennen, auch an den Aktienmärkten beobachten. Je nach Phase wird zwischen einem Bullenmarkt (Aufschwung) und einem Bärenmarkt (Abschwung) unterschieden.

Die Emotionen der meisten Anleger bewegen sich mit den Kursen

Optimismus und Aufregung begleiten den Kursaufschwung. Nähert sich der Kurs einem Höchststand, sind auch die Gefühle der Masse der Anleger auf ihrem Höhepunkt. Es herrscht Euphorie. Darauf folgt eine Phase des Abschwungs, die von den Börsenakteuren zunächst mit Sorge über Verleugnung, dann Angst bis hin zur Depression als Tiefpunkt begleitet wird.

Kursentwicklung und Anlegeremotionen

Aufschwung	**Maximales Einstiegs-Risiko**	**Abschwung**	**Maximale Einstiegs-Chance**	**Aufschwung**
Optimismus	Euphorie	Sorge	Depression	Hoffnung
Aufregung		Verleugnung		Erleichterung
		Angst		Optimismus
		Verzweiflung		
		Panik		
		Kapitulation		
		Mutlosigkeit		
		Depression		

Abbildung 26: Anlegeremotionen während der Börsenzyklen (eigene Darstellung nach Tony Robbins: Money. Die 7 einfachen Schritte zur finanziellen Freiheit, 2. Aufl., München 2015)

Aktienmärkte sind beweglicher als die Realwirtschaft

Wird die Entwicklung der Produktivität als Indikator für die wirtschaftliche Entwicklung mit der Entwicklung eines Index als Indikator für die Entwicklung eines Aktienmarktes verglichen, treten die Parallelen direkt hervor.

Langfristig zeigen beide Märkte ein klares Wachstum. Kurzfristig gibt es sich wiederholende Auf- und Abwärtsbewegungen. Aktienmärkte können Informationen schneller verarbeiten und somit auch schneller auf Veränderungen reagieren als beispielsweise Güter- und Arbeitsmärkte.

Der Börsen- und Finanzexperte André Kostolany hat diesen Zusammenhang zwischen Wirtschaft und Börse wie folgt beschrieben:

> *„Mit der Wirtschaft und der Börse verhält es sich wie mit dem Mann und seinem Hund beim Spaziergang. Der Mann läuft langsam und gleichmäßig weiter. Der Hund läuft vor und zurück. Aber beide bewegen sich in die gleiche Richtung. Der Mann ist die Wirtschaft, der Hund die Börse.“* [34]

---

[34] André Kostolany: Die Kunst, über Geld nachzudenken, 9. Aufl., Berlin 2015.

Mit dem Wissen um und dem Verständnis für diese Abläufe haben Sie an Sicherheit für Ihre Entscheidungen gewonnen. Sie kennen die normalen Stimmungsschwankungen an den Kapitalmärkten und können so in jeder Marktphase rationale Anlageentscheidungen treffen.

2.2 Aktien und sichere Geldanlage? Ja, das geht!

Oft scheitern die Investitionsprojekte von Privatanlegern daran, dass diese sich die benötigten Informationen mühsam zusammensuchen müssen.
Obwohl heute scheinbar jede Information im Internet zu finden ist – sei es als geschriebenes Wort, Audio oder Video – ist Vorsicht geboten. Die Qualität ist zum Teil fragwürdig, die Art und Weise der Präsentation durch die Interessenslage des Autors beeinflusst. Oft werden zudem entweder zu viel oder zu wenig Informationen vorgelegt.
Deshalb finden Sie nachfolgend nur die absolut notwendigen Angaben, knapp und präzise. Zunächst lernen Sie die wichtigsten Begriffe rund um Ihr Investitionsprojekt kennen. Dann erfahren Sie die entscheidenden Kriterien für den Erfolg Ihrer Geldanlage. Eine Investitionsstrategie, die Sie einsetzen können, um Ihr Geld sicher in Aktien anzulegen, stelle ich Ihnen danach vor.
Starten Sie nun mit den Grundlagen. Falls Sie Teile davon schon kennen, überprüfen Sie Ihr Wissen und ergänzen es falls notwendig.

Anlageklassen

Grundsätzlich ist es möglich, in verschiedene Anlageklassen zu investieren. Als Anlageklassen werden die verschiedenen Themen bezeichnet, in die ein Anleger investieren kann, also Gold/Rohstoffe, (Krypto-) Währungen, Anleihen, Immobilien, Aktien, Zertifikate. Die Anlageklassen unterscheiden sich hinsichtlich Rendite und Risiko sowie erforderlichem Zeit- und Geldeinsatz.
Neben dem Tagesgeld können Anleihen für den Sicherheitsteil eines Wertpapierportfolios sinnvoll sein. Sie werden auch Renten oder festverzinsliche Wertpapiere genannt und unterteilen sich in

Staatsanleihen sowie Unternehmensanleihen. Der Käufer leiht einem Staat oder Unternehmen Geld und erhält dafür Zinsen. Aufgrund der relativ niedrigen Rendite sind Anleihen keine Alternative zu Aktien. Sie können jedoch als sichere Anlage in das Portfolio aufgenommen werden, wenn die Laufzeit der Anleihe und die Bonität des Schuldners passen. Diese wird durch unabhängige Unternehmen bewertet. Achten Sie dabei auf „AAA“ - Bewertungen.

Aktien

Eine Aktie bezeichnet einen Anteil an einer Aktiengesellschaft. Durch den Kauf von Aktien wird der Käufer zum Miteigentümer an dem Unternehmen. Der Aktienanleger profitiert von Kurssteigerungen und Dividendenausschüttungen. Dafür trägt er das Risiko von Kursschwankungen und im schlimmsten Fall einer Insolvenz mit

Besonderheiten von Aktien:

- Aktien sind durch Wertpapierkennnummern (WKN) und Identifikationsnummern (ISIN) gekennzeichnet.
- Aktien werden mithilfe verschiedener Kennzahlen bewertet, wie zum Beispiel anhand des Kosten-Gewinn-Verhältnisses (KGV), der Risikoklasse, der Performance, des Total-Expense-Ratio (TER) oder der Volatilität.
- Als Dividende wird die jährliche Ausschüttung des Gewinns pro Aktie an die Eigentümer bezugsberechtigter Aktien bezeichnet.
- Aktien börsennotierter Aktiengesellschaften werden an den Aktienmärkten gehandelt.
- Der Aktienkurs bezeichnet den Preis einer Aktie.

Aktien kann man anhand der Kriterien: Dividenden, Qualität, Wert, Wachstum, Nachhaltigkeit, Nebenwerte und Schwellenländer auswählen: Bei der Auswahlstrategie „hohe Dividenden“ sind regelmäßige Erträge das wichtigste Ziel der Geldanlage. Qualitätsaktien sorgen für Stabilität im Depot, bringen relativ zuverlässig Rendite und sind wertvoll für die Risikostreuung.

Bei Aktien mit Wachstumspotenzial besteht die Chance, sie unter Wert zu kaufen und über Wert zu verkaufen. Das ist möglich, wenn die Anleger in Unternehmen mit stabilem Geschäftsmodell, verlässlichen Gewinnen, hohen Ausschüttungen und mit einem Aktienkurs investieren, der verhältnismäßig günstig ist. Dann warten sie, bis andere Akteure den Wert ebenfalls erkennen, investieren und so den Kurs nach oben treiben. An diesem Punkt wird verkauft. Psychologisch erschwert wird diese Strategie durch den Umstand, dass immer gegen die Masse der Anleger gehandelt werden muss.

Aktien, die auf dem Auswahlkriterium Gewinn je Aktie basieren, werden im Rahmen einer „Growth“- Strategie ausgewählt. Wie viel die Aktie kostet, ist egal. Wichtig sind Wachstum und Zukunftsfantasien. Anleger investieren in innovative Branchen, wie Technologie, Biotechnik, Medizintechnik.

Im Rahmen einer Nachhaltigkeitsstrategie wird auf Unternehmen gesetzt, die bestimmte Nachhaltigkeitskriterien erfüllen, wie etwa den Verzicht auf Kinderarbeit.

Im Blickpunkt einer Strategie, die auf Nebenwerte fokussiert, stehen Aktien mittelgroßer und kleiner börsennotierter Unternehmen, die bodenständig, spezialisiert, gegebenenfalls sogar Weltmarktführer in ihrem Segment sind, sogenannte Hidden Champions. Sie sind inhabergeführt und langfristig orientiert, jedoch auch risikoanfälliger als Großunternehmen.

Werden bewusst Aktien von Unternehmen aus Schwellenländern ausgewählt, konzentrieren sich die Anleger auf Länder wie China, Südkorea, Indien, Brasilien, und nicht auf die Industrienationen. Sie erwarten dabei, dass die Schwellenländer die Industrienationen irgendwann überholen werden.

Indizes

Aktienmärkte oder Börsen sind Orte der Unternehmensfinanzierung. Das heißt, börsennotierte Aktiengesellschaften beschaffen sich an einer Börse Geld für Wachstumsprojekte durch den Verkauf von Unternehmensaktien. Weltweit gibt es 20 Börsen, an denen Wertpapiere gehandelt werden. Deutsche Anleger können nicht nur hierzulande investieren, sondern auch in Unternehmen, die an Börsen außerhalb von Deutschland gelistet sind.

Indizes setzen sich aus Aktien von ausgewählten Unternehmen zusammen, die an dem Markt gehandelt werden und diesen repräsentieren und bilden so die Kursentwicklung des Marktes ab. Sie werden von speziellen Unternehmen herausgegeben. Morgan Stanley Capital International ist der bekannteste Herausgeber von Indizes. Diese Firma ist deshalb so populär, weil sie unter anderem den wohl bekanntesten Index, den MSCI World, verlegt. Ein alternativer Herausgeber, der ebenfalls große Indizes im Programm hat, ist die Firma FTSE.

Die Aktien-Zusammensetzung von Indizes wird regelmäßig überprüft und zeitnah angepasst, um sicherzustellen, dass sie das aktuelle Marktgeschehen darstellen.

Das Unternehmen MSCI gibt Länderindizes für jeden Markt heraus, die die Wertentwicklung der börsennotierten Unternehmen des jeweiligen Landes wiedergeben. Die positiven Entwicklungen von Industrienationen und Schwellenländer der vergangenen 10 Jahre haben wir bereits betrachtet. Regionen- und branchenspezifische Indizes bilden die Wertentwicklung von Unternehmensgruppen ab, die nach bestimmten Kriterien zusammengestellt wurden.

Die bekanntesten Indizes weltweit sind:

- MSCI World
- MSCI ACWI (All Country World Index)
- FTSE All World
- MSCI Europe
- MSCI Emerging Markets

Die deutschen Indizes werden von einem Tochterunternehmen der Deutschen Börse herausgegeben. Der bekannteste deutsche Aktienindex ist der DAX. Er misst die Wertentwicklung der größten und liquidesten Unternehmen Deutschlands und repräsentiert rund 80% der Marktkapitalisierung börsennotierter Unternehmen. Unter Marktkapitalisierung versteht man den Börsenwert, das heißt den rechnerischen Gesamtwert der im Umlauf befindlichen Aktien der börsennotierten Unternehmen. In 2021 findet eine umfassende DAX-Reform statt. Unter anderem werden sich die Anzahl der Unternehmen in den einzelnen deutschen Indizes ändern.[35]

---

[35] Ohne Verfasser: DAX-Index: Benchmark und Barometer für die deutsche Wirtschaft, in Deutsche Börse (Stand: 09.03.21), URL: https://deutsche-boerse.com/dbg-de/media/deutsche-boerse-spotlights/spotlight/DAX-Index-Benchmark-und-Barometer-f-r-die-deutsche-Wirtschaft-148654, [Abruf: 09.03.2021].

Deutsche Indizes

- DAX: Deutscher Aktienindex

  Der DAX ist der bekannteste deutsche Aktienindex. Er besteht aus den 30 größten deutschen Aktiengesellschaften. Im September 2021 erhöht sich die Anzahl der im DAX vertretenen Unternehmen auf 40. Im Unterschied zu anderen bekannten Indizes wird der DAX grundsätzlich als Performance Index betrachtet. Das heißt, dass in die Berechnung Dividendenzahlungen mit einfließen und er somit jedes Jahr automatisch um den Wert der ausgeschütteten Dividenden steigt.

- MDAX: Deutscher Aktienindex mittelgroßer Unternehmen („mid cap")

  Der MDAX zeigt die Entwicklung der 60 deutschen Unternehmen, die hinsichtlich Ordervolumen und Marktkapitalisierung auf die DAX-Unternehmen folgen. Im Zuge der DAX Reform reduziert sich die Anzahl der MDAX-Werte im September 2021 auf 50.

- SDAX: Deutscher Aktienindex kleiner Unternehmen („small cap")

  Der SDAX enthält die Aktien von 70 kleineren Unternehmen, die hinsichtlich der oben genannten Kriterien auf die Unternehmen im MDAX folgen.

- TecDAX: Deutscher Aktienindex Technologieunternehmen

  Dieser repräsentiert die Entwicklung der 30 größten Technologieunternehmen in Deutschland.

Sind diese Informationen für Sie altbekannt oder schwirrt Ihnen der Kopf?
Gönnen Sie sich eine kurze Pause und lassen Sie das Gelesene Revue passieren.

Fonds

Die gleichzeitige Investition in mehrere Unternehmen ist weniger riskant als die Investition in Einzelaktien. Sie kann jedoch auch sehr aufwendig sein.

Es fließt viel Zeit in die Aufteilung des Portfolios und das Füllen der einzelnen Bestandteile mit passenden Wertpapieren.

Aufgrund des bestehenden Insolvenzrisikos einzelner Unternehmen muss der Anleger die Entwicklung der Unternehmen in seinem Portfolio eng überwachen, um böse Überraschungen zu vermeiden.

Oft verfügen Privatanleger jedoch nicht über ausreichendes Wissen und Zeit, um entsprechend zu handeln und erleiden Verluste.

Diese Problematik hat dazu geführt, dass sich am Kapitalmarkt ein stattliches Angebot an Fonds entwickelt hat, die sich anhand verschiedener Kriterien unterscheiden.

Man spricht von Aktien- oder Mischfonds, je nachdem ob der Fond zu 100% aus Aktien oder aus verschiedenen Anlageklassen zusammen gesetzt ist.

Ein Fond, der die jährlichen Dividendenzahlungen der im Fond vertretenen Aktiengesellschaften an die Anleger auszahlt, ist ein ausschüttender Fond. Im Unterschied dazu, legen die thesaurierenden Fonds Dividenden sofort wieder in neue Fondanteile an.

Aktive Fonds sind Wertpapierportfolios, die nach bestimmten Kriterien, wie zum Beispiel Wachstum, Dividendenzahlung, Nebenwerte, Schwellenländer, aktiv zusammengestellt und verwaltet werden. Ein Team unter Leitung des Fondsmanagers entscheidet darüber, welche Aktien in das Portfolio aufgenommen und wann diese gekauft oder verkauft werden. Der Anleger zahlt für Personalkosten, Vertrieb und Verwaltung. Die laufenden

Kosten liegen bei 1,5 % pro Jahr. Zusätzlich gibt es in der Regel einen Ausgabeaufschlag von durchschnittlich 5 % beim Kauf.
Bei passiven Fonds (auch Indexfonds) handelt es sich um Wertpapierportfolios, die durch die automatisierte Nachbildung eines Marktindex entstehen. Passive Fonds, die an der Börse gehandelt werden, werden als ETF bezeichnet, die Abkürzung für Exchange Traded Funds.

ETF: Exchange Traded Funds

Unter einem ETF versteht man ein Wertpapier, dessen Preis aus den Aktienkursen mehrerer Unternehmen berechnet wird. Dabei entspricht die Zusammensetzung der Aktien im ETF der Zusammensetzung eines Marktindex. Da sich Marktindizes durch den Aktienhandel sekündlich ändern, ändert sich auch der Preis des ETF ständig. Die kontinuierliche Abbildung des Marktindex durch den ETF erfolgt automatisiert.
Zum Beispiel besteht ein DAX-ETF aus Aktien aller Unternehmen, die im DAX vertreten sind, und zwar genau in der Gewichtung, die diese im DAX einnehmen:
Steigt der DAX um 6 %, so steigt auch der Kurs des DAX-ETF um 6 %. Sinkt der DAX um 6 %, sinkt auch der DAX-ETF um 6 %.
Da ein ETF „nur“ eine ständige Kopie eines Index ist und keiner menschlichen Entscheidungen bedarf, sind ETF (auch passive Fonds genannt) für den Anleger sehr günstig. Es gibt keinen Ausgabeaufschlag und die laufenden Kosten liegen in der Regel zwischen 0,1 % bis 0,5 % pro Jahr.
Steigen wir etwas tiefer ein.

Bei ETF kann die Indexnachbildung auf zwei Arten erfolgen.

Indexnachbildungen

- Bei der physischen Nachbildung werden ständig Aktien gekauft oder verkauft, um einen Index nachzubilden.
- Bei einer synthetischen Nachbildung erfolgt die Nachbildung über Tauschgeschäfte (Swaps).

Wie bei anderen Fonds auch, gibt es bei ETF die Möglichkeit, zwischen Dividende ausschüttenden und thesaurierenden ETF, die die Dividende jährlich reinvestieren, zu wählen.
WICHTIG: Auch wenn Sie Aktien-ETF kaufen, investieren Sie in Aktien, wenn auch indirekt. Damit bieten ETF Privatanlegern die Möglichkeit, Geld in Aktien anzulegen, ohne einzelne Aktien selbst auswählen oder einen Fondmanager damit beauftragen zu müssen. Dieser „Konstruktionsvorteil“ von ETF bringt weitere Vorteile mit sich.

Vorteile ETF

- ETF sind verhältnismäßig günstig, da die Nachbildung des Index automatisiert ist.
- ETF und ihre Kurse sind transparent, da der Vergleichsindex und dessen Zusammensetzung offenliegen.
- ETF bieten Flexibilität, da sie jederzeit an der Börse gekauft oder verkauft werden können.
- ETF bilden das Marktwachstum nach und profitieren somit vom langfristigen Marktwachstum.

- ETF sind sicher, da sie als Sondervermögen immer im Eigentum des Käufers bleiben. Im Falle einer Insolvenz des ETF-Herausgebers dürfen sie nicht zur Deckung von dessen Schulden eingesetzt werden.

ETF gibt es seit ungefähr 20 Jahren in Deutschland, jedoch sind sie immer noch für viele neu und unbekannt. Mit ihrer Popularität wächst auch die Kritik. Risiken, die sowohl ETF als auch aktive Fonds betreffen, werden alleine ETF zugeschrieben, wie zum Beispiel das Risiko der Wertpapierleihe und die Sorge, dass ein Herdenverhalten in einem Crash den Kursabsturz verstärken könnte. Die vermeintliche Gefahr, dass alle Börseninvestoren nur noch in ETF investieren und so den Markt aushebeln könnten, ist eher unrealistisch. Dagegen sprechen die unterschiedlichen Typen, Interessen, Vorgehensweisen und die zeitliche Fokussierung der Marktteilnehmer und der relativ kleine Marktanteil der ETF in Deutschland.[36]

[36] Brigitte Wallstabe-Watermann u. a.: Anlegen mit ETF. Geld bequem investieren mit ETF und Indexfonds, hrsg. v. Stiftung Warentest, 2., akt. Aufl., Berlin 2020, S. 153.

ETF und das magische Dreieck der Geldanlage

Das magische Dreieck der Geldanlage beschreibt das Spannungsfeld zwischen drei Faktoren:

- Sicherheit
- Verfügbarkeit/Liquidität
- Rendite/Rentabilität

Es besagt, dass eine Geldanlage entweder sicher, rentabel oder jederzeit verfügbar ist, jedoch nie alle drei Kriterien zugleich erfüllt. Inwieweit das magische Dreieck auch für ETF-Investments gilt, überprüfen wir hier.

ETF und Sicherheit

Sicherheit bedeutet den Werterhalt des eingesetzten Geldes: Beim Verkauf der Wertanlage bekommt der Anleger sein gesamtes investiertes Geld zurück. Die Sicherheit einer Wertanlage hängt davon ab, welchen Risiken sie unterworfen ist.

Die Kursentwicklung eines Aktien-ETF ist an die Entwicklung des Basismarkts gekoppelt. Da Märkte Schwankungen unterliegen, setzen sich Anleger mit der Investition in einen ETF einem Kursschwankungsrisiko aus.

ETF und Verfügbarkeit

Die Verfügbarkeit bedeutet die Geschwindigkeit, in der sich eine Anlage zu Geld machen lässt. ETF werden an der Börse gehandelt und können deshalb zu jeder Zeit gekauft oder verkauft werden.

ETF und Rendite

„Rendite kommt von Risiko"

Börsenweisheit

Als Rendite, auch Gewinn oder Kapitalertrag genannt, wird der Ertrag einer Geldanlage bezogen auf den Kapitaleinsatz innerhalb eines Jahres bezeichnet.
Zur Rendite zählen Wertveränderungen und Zuflüsse aus Zinsen und Dividenden. Sie ist die Belohnung für das Risiko, das Anleger mit der Investition in ein Unternehmen eingehen.
Investitionen sind immer mit Risiken verbunden. Kurs- und Wertschwankungen (Volatilität) bei börsennotierten Anlagen ermöglichen Gewinne und provozieren Verlustängste. Zudem bestehen gegebenenfalls Ausfallrisiken infolge der Insolvenz eines börsennotierten Unternehmens, die zum Totalverlust des eingesetzten Kapitals führen können. Aktien-ETF unterliegen ebenfalls einem Kurs- und Wertschwankungsrisiko. Die Insolvenz eines einzelnen Unternehmens kann dem Kurs eines großen ETF jedoch kaum schaden. ETF, die auf Weltmärkten basieren, streuen das Risiko über mehrere tausend Unternehmen, Länder und Branchen. Allerdings gibt es bei länderübergreifenden ETF ein Währungsrisiko, da die Aktien immer in der Heimatwährung des Unternehmens in den ETF einfließen.
Unter diesen Rahmenbedingungen brachten ausgewählte Aktien-ETF Welt im fünfjährigen Bewertungszeitraum bis zum 31.3.2020 trotz Corona-Crash noch 3 % Rendite[37], im fünfjährigen Bewertungszeitraum bis zum 31.12.2017 knapp 14 % Rendite.[38]

---

[37] Brigitte Wallstabe-Watermann u. a.: Anlegen mit ETF. Geld bequem investieren mit ETF und Indexfonds, hrsg. v. Stiftung Warentest, 2. akt. Aufl., Berlin 2020, S. 167.

ETF und Steuer

Betrachten wir abschließend noch den einen Faktor, der ebenfalls Einfluss auf die Rendite Ihrer Geldanlage hat.

Die Steuer wird auf Kapitalerträge, das heißt auf ausgezahlte Zinsen, Dividenden und auf durch Wertpapierverkäufe realisierte Kursgewinne erhoben.

Kapitalerträge werden mit der Abgeltungssteuer, nicht mit dem individuellen Steuersatz besteuert, wobei die Gewinne und Verluste verrechnet werden dürfen. Der Abgeltungssteuersatz beträgt 25 %.

Hinzu kommen der Solidaritätszuschlag und gegebenenfalls die Kirchensteuer.

Die Abgeltungssteuer wird von der Depotbank direkt an das Finanzamt überwiesen. Bei thesaurierenden ETF fallen während der Laufzeit keine Gewinne an. Das Finanzamt fordert hier eine Abschlagszahlung.

Ein Freistellungsauftrag reduziert die steuerliche Belastung in Höhe von 801 € für Ledige und von 1.602 € für Verheiratete pro Jahr.

---

[38] Dies: Anlegen mit ETF. Geld bequem investieren mit ETF und Indexfonds, hrsg. v. Stiftung Warentest, Berlin 2018, S. 167.

Sie haben auf wenigen Seiten, stark komprimiert, grundlegenden Informationen bekommen. Wenn Sie sich nach so vielen Fachbegriffen und -konzepten entmutigt fühlen, nehmen Sie sich nochmal Ihre Notizen vor. Erinnern Sie sich an Ihr Ziel und die Entscheidungen, die Sie auf Ihrem Weg zum Ziel bereits getroffen haben. Dann legen Sie das Buch aus der Hand und machen eine Pause.

2.3 Passive Investmentstrategie und ETF: Geldanlage für Mittvierziger

Sie haben erfahren, dass Sie sich beim Thema Sicherheit nicht nur auf die ETF-Auswahl verlassen können. Sie benötigen eine Anlagestrategie, um die vorhandenen Risiken zu managen. Im Rahmen einer aktiven Investmentstrategie wählen Sie die Aktien für Ihr Portfolio selbst aus, treffen die dafür notwendigen Entscheidungen, kaufen und verkaufen. Oder Sie überlassen diese Aufgabe einem Fondsmanager und investieren direkt in Fonds und nur indirekt in Aktien. Die Rendite Ihrer aktiven Strategie hängt von der Aktienauswahl, der Risikostreuung und den Gebühren für das Fondmanagement ab.
Sicherlich haben Sie bereits erste Überlegungen zu den Auswahlkriterien angestellt und bemerkt, wie aufwendig eine aktive Strategie ist. Lohnt sich dieser Aufwand überhaupt?
In der Regel bringen die aktiven Entscheidungen für einzelne Unternehmen zu bestimmten Zeitpunkten weniger Rendite, als die Investition in ein langfristiges Marktwachstum erzielt.
Sogar Profis schaffen es oft nicht, Ergebnisse zu erreichen, die ein langfristiges Marktwachstum übertreffen. Untersuchungen zufolge gelang es im Zeitraum von zehn Jahren bis Mitte 2019 nur 12,1 % aller aktiv gemanagten US-Fonds, ihren Vergleichsindex zu schlagen.[39]. Diese Zahlen bestätigen das Credo der Portfoliotheorie:

„Niemand ist langfristig klüger als der Markt."

Credo der Portfoliotheorie

---

[39] Brigitte Wallstabe-Watermann u. a.: Anlegen mit ETF. Geld bequem investieren mit ETF und Indexfonds, hrsg. v. Stiftung Warentest, 2. akt. Aufl., Berlin 2020, S. 12.

Die ETF-Strategie: Buy - Hold and Rebalance - Benefit

Das Credo der Portfoliotheorie und der Vergleich der Ergebnisse aktiver Fonds mit dem Marktwachstum legen eine passive Strategie mit ETF nahe.

Sehr bekannt, ist die Buy & Hold - Anlagestrategie. Sie umfasst den Markteintritt und die Haltephase einer Investition. Sie besagt, dass einmal gekaufte Wertpapiere über mehrere Jahre, bis zum Verkauf, unverändert gehalten werden sollen.

Meiner Meinung nach greift sie, speziell für Anleger, die in der Mitte ihres Lebens stehen, zu kurz. Deshalb habe ich sie auf Buy - Hold and Rebalance - Benefit erweitert.

Investoren 40 + steht ein überschaubarer Zeitraum zur Verfügung, um Gewinne zu erzielen. Für sie ist es besonders wichtig, während der Laufzeit die bestmögliche Rendite zu erreichen, indem sie einmal jährlich, die Geldanlage überprüfen und das Portfolio ausbalancieren („Rebalance"). Da Anleger 40 + in der Regel nach der Phase des Vermögensaufbaus in Rente gehen, können sie es sich nicht leisten, am Ende noch Geld zu verlieren. Insofern kommt dem sicheren Marktausstieg eine große Bedeutung zu („Benefit").

Die von mir erweiterte Strategie Buy - Hold and Rebalance - Benefit umfasst alle drei Phasen der Geldanlage und ist deshalb gerade für Einsteiger 40 + eine geeignete Strategie.

Die drei Phasen der Geldanlage

- Phase 1: Kaufen (Buy)
- Phase 2: Halten und Ausbalancieren (Hold and Rebalance)
- Phase 3: Profitieren (Benefit)

Im Rahmen der Buy - Hold and Rebalance - Benefit-Strategie entscheiden Sie, in welche Märkte Sie investieren wollen. Diese

Entscheidung setzen Sie konsequent in die Tat um, indem Sie eine überschaubare Anzahl von ETF kaufen, die die von Ihnen ausgewählten Märkte repräsentiert. Diese halten Sie für mindestens 10 Jahre. Einmal pro Jahr überprüfen Sie, ob die aktuelle Portfolioaufteilung noch Ihrer Ursprungsverteilung entspricht. Falls nicht, passen Sie diese an. Nach Ende der Laufzeit oder wenn Sie Ihr finanzielles Ziel erreicht haben, verkaufen Sie die ETF entsprechend der 5%-Formel.
Indem Sie dieser Strategie folgen, verlieren Sie weder wertvolle Zeit noch Geld, indem Sie nicht Trends hinterherjagen und keine einmaligen Tipps befolgen.

Phase 1: Buy

In der ersten Phase „Buy“ wählen und kaufen Sie die ETF, in die Sie investieren möchten. Mit der Auswahl geeigneter ETF können Sie vom Marktwachstum profitieren, Ihr Risiko streuen und Ihrem Portfolio einen individuellen Touch geben. Folgende Kriterien eigenen sich für die ETF Auswahl:

Kriterien für die ETF-Auswahl

- Art der Dividendenverwendung
- Sicherheit der Investition
- Portfoliozusammensetzung

Für die langfristige Anlage sind ETF geeignet, die Dividenden direkt reinvestieren, also thesaurierende ETF. Auf diese Weise ist es einfach, den Zinseszinseffekt zu nutzen.
Die Sicherheit Ihrer Geldanlage ist Ihre oberste Priorität. Sicherheit erhalten Sie, wenn Sie die mit der Investition in Aktien verbundenen Risiken möglichst breit streuen. Hierfür bieten sich ETF auf Indizes an, die Wertmärkte repräsentieren. Die ETF sollen den zugrunde liegenden Index möglichst 1 : 1 nachbilden.
Unter dem Stichpunkt „Portfoliozusammensetzung“ ist es am einfachsten, ein Standard-ETF-Portfolio aufbauen. Ist Ihnen zusätzlich eine persönliche Note in Ihrem Portfolio wichtig, ergänzen Sie Ihr ETF-Portfolio mit ETF auf Indizes, die Ihre Interessensbereiche repräsentieren. Sind für Sie zum Beispiel grüne, nachhaltige Geldanlagen interessant, fügen Sie ETF hinzu, die auf einem Nachhaltigkeitsindex basieren.

Sie können sowohl einen ETF – Sparplan abschließen als auch mit einer einmaligen Investition starten.

Markteintritt mit Sparplan
Mit einem Sparplan können Sie regelmäßig Beträge ab 25 € monatlich in Aktien investieren. Die Sparpläne sind insofern flexibel, als Sie sie jederzeit unterbrechen, aufstocken oder verkaufen können. Der Charme eines Sparplans liegt unter anderem darin, dass Sie sich keine Gedanken um den richtigen Einstiegszeitpunkt machen müssen. Sie investieren monatlich einen gleichbleibenden Betrag und bekommen dafür je nach Marktphase mehr oder weniger Anteile zu einem niedrigeren oder höheren Kurs, also zu einem Durchschnittspreis.
Mit dieser Vorgehensweise erhalten Sie automatisch die Durchschnittsrendite[40] über alle Unternehmen, die in dem jeweiligen Marktindex gelistet sind.

Markteintritt mit Einmalanlage
Eine Einmalanlage ist sinnvoll, wenn Ihnen bereits eine größere Summe zum Investieren zur Verfügung steht. Sie verzichten allerdings auf eine zeitliche Differenzierung, was Chance und Risiko gleichermaßen erhöht. Eine Reihe von Anlegern sucht sehr lange nach dem richtigen Zeitpunkt zum Kaufen und Verkaufen. Diese Anleger warten und warten, investieren deshalb nicht und verpassen so Jahre des Wachstums. Dabei gelingt es fast niemandem, den richtigen Zeitpunkt zu finden. Für eine zeitliche Differenzierung des Risikos kann eine Aufteilung des Betrags vernünftig sein. Investieren Sie beispielsweise jeweils ein Drittel des Betrags in drei aufeinanderfolgenden Monaten.

---

[40] Gerd Kommer, Souverän investieren für Einsteiger, Wie Sie mit ETFs ein Vermögen bilden, Campus 2018.

Phase 2: Hold and Rebalance

Die ETF werden für mindestens zehn Jahre gehalten („Hold"). Während der Haltephase wird 1x pro Jahr das ETF Portfolio ausbalanciert („Rebalance").

Zehn Jahre sind ausreichend, um vom langfristigen Marktwachstum zu profitieren. Zusätzlich nutzen Sie den Zinseszinseffekt. Mit der Entscheidung für thesaurierende ETF werden Dividenden jährlich in dieselben ETF reinvestiert. So steigt der Wert des Depots und damit die Basis für weitere Dividendenzahlungen Jahr für Jahr.

Da nur einmal eine Entscheidung über die Zusammensetzung des Portfolios getroffen wird, ist diese Strategie relativ risikoarm. Die Macht von Gefühlen, die Menschen zu emotionsgetriebenen, falschen Entscheidungen verleiten können, hat keine Chance.

Durch das Ausbalancieren nutzen Sie Marktschwankungen in der Haltephase. Passen Sie einmal jährlich die ursprüngliche prozentuale Verteilung des Sicherheits- und des Renditeteils Ihres Portfolios so an, dass Sie die Verteilung, für die Sie sich aktiv entschieden haben, wiederherstellen. Kaufen oder verkaufen Sie ETF-Anteile jedoch nur dann, wenn die Abweichung zur Startaufteilung 10 Prozentpunkte übersteigt. Diese Regel verhindert, dass Sie zu häufig umschichten. Handeln kostet Gebühren und diese schmälern den Gewinn, getreu der Börsenweisheit: „Hin und Her macht Taschen leer."

Phase 3: Benefit

Die 3. Phase der ETF – Strategie beginnt, wenn Ihr Zielbetrag erreicht ist. In der 3. Phase „Benefit“ verkaufen Sie jährlich nur einen bestimmten Prozentsatz Ihres ETF Vermögens. Der Rest bleibt investiert. Das heißt, Sie entnehmen einen Betrag, um Ihr Traumziel zu leben und erzielen mit dem Rest weiterhin Wertzuwächse.
Idealerweise entspricht der Betrag, den Sie jährlich entnehmen, 5% Ihres Vermögens. Die 5 %[41] sind das Entnahmeoptimum für ein globales Aktienportfolio unter den derzeitigen (steuerlichen) Rahmenbedingungen. Es können 5 % pro Jahr entnommen werden, ohne dass es zum Kapitalverzehr kommt.
Basis für die Berechnung ist der MSCI World ETF, mit Einstieg 1990. Anleger, die vor 30 Jahren im Wert von 400.000 € starteten, haben sich über die Jahre 744.300 € ausgezahlt. Dennoch hat das Depot heute einen Wert von 560.700 €. Es liegt also noch 160.700 € über dem Einstiegswert und hat somit ausreichend Puffer für Kurseinbrüche.
Die 5 %-Regel verhindert, dass in schwachen Börsenphasen übermäßige Entnahmen erfolgen. Dadurch würden Kursverluste realisiert und für den folgenden Aufschwung nicht mehr ausreichend Kapital zur Verfügung stehen. Durch die Beschränkung auf 5 % ist ein antizyklisches Agieren systematisch mit eingebaut[42].

---

41 Daniel Eckert und Holger Zschäpitz: Finanzen im Alter. Die Freiheits-Formel, in: Welt am Sonntag, 24/2020, 14.06.2020, S. 35.

42 Siehe vorherige Fußnote.

In acht Schritten haben Sie die Strategie Buy – Hold and Rebalance – Benefit in die Tat umgesetzt

Schritt 1: Portfolio-Aufteilung festlegen

Vor dem Kauf legen Sie fest, wie viel Prozent Ihres Portfolios, Sie in sichere und wie viel Prozent Sie in renditestarke Anlageklassen investieren wollen.

Schritt 2: Indizes auswählen

Sie entscheiden sich für die Märkte, in die Sie investieren wollen, und wählen die passenden Indizes aus.

Schritt 3: ETF anhand von Kriterien auswählen

Die Kriterien für die Auswahl Ihrer ETF legen Sie fest und wählen auf dieser Basis die passenden ETF für Ihr Portfolio.

Schritt 4: ETF kaufen

Sie kaufen die von Ihnen ausgewählten ETF einmalig und /oder per Sparplan.

Schritt 5: Nichts tun

Sie behalten Ihr Portfolio für einen Zeitraum von mindestens zehn Jahren, um von dem langfristigen Marktwachstum zu profitieren. Auf die kurzfristigen, wiederkehrenden Marktschwankungen während der Laufzeit Ihrer Geldanlage reagieren Sie nicht.

Schritt 6: Portfolioaufteilung überprüfen und gegebenenfalls anpassen

Sie überprüfen einmal jährlich, ob sich eine Abweichung im Vergleich zu der, von Ihnen beim Kauf festgelegten prozentualen Aufteilung zwischen sicherem und renditestarkem Anteil ergeben hat. Sollte die Abweichung 10 Prozentpunkte übersteigen, stellen Sie die ursprüngliche Aufteilung wieder her. Dafür kaufen oder verkaufen Sie Wertpapiere.

Schritt 7: Entnehmen Sie jährlich 5%

Sobald Sie Ihren Zielbetrag erreicht haben, starten Sie mit der jährlichen Entnahme in Höhe von 5% Ihres Vermögens. Mit diesen jährlichen Beträgen leben Sie Ihr Traumziel.

Schritt 8: Bleiben Sie flexibel beim Marktaustrittsdatum

Sie legen sich nicht auf ein Datum fest, zu dem Sie den Markt komplett verlassen. Sie bleiben flexibel, um nicht in schwachen Börsenzeiten verkaufen zu müssen oder gehen sukzessive aus dem Markt.

Geschafft! Sie kennen nun auch die umfassende ETF-Anlagestrategie Buy - Hold and Rebalance - Benefit. Legen Sie das Buch aus der Hand und gönnen Sie sich einen schönen Spaziergang.

ETF Angebot & Auswahl

„Weißt du, was passiert, wenn man sich immer alle Türen offenhält? Dann zieht's, mein Freund!"

Marc-Uwe Kling[43]

Haben Sie die Vorteile der Strategie Buy - Hold and Rebalance - Benefit überzeugt?

Dann ist es an der Zeit, sich etwas intensiver mit dem ETF-Angebot zu beschäftigen. ETF bestehen in Deutschland seit circa 20 Jahren. Seit der Einführung ist die Anzahl der angebotenen ETF stark angestiegen, insbesondere in den letzten beiden Jahren von 1.200 ETF im Jahr 2018 auf 1.800 zu Beginn 2020[44]. Zu jedem Index gibt es eine Vielzahl von ETF unterschiedlicher Anbieter. Zu den größten ETF-Anbietern gehören iShares (Blackrock), Vanguard und State Street. Sie verwalten rund 80 % des 6,3 Billionen US-Dollar großen Anlagevolumens.

Das große Angebot an ETF gibt Privatanlegern die Möglichkeit, in eine Vielzahl von Märkten-Indizes und Themen-Indizes zu investieren, wie zum Beispiel Welt, Welt inklusive Schwellenländer, Schwellenländer, Europa, einzelne Länder, wie zum Beispiel Deutschland, Regionen, Themen, wie nachhaltig produzierende Unternehmen, Gold/Rohstoffe, verschiedene Branchen, Staats- und Unternehmensanleihen.

---

43 Marc-Uwe Kling: Die Känguru-Chroniken, Bd. 3: Die Känguru-Offenbarung, Berlin 2014.

44 Brigitte Wallstabe-Watermann u. a.: Anlegen mit ETF. Geld bequem investieren mit ETF und Indexfonds, hrsg. v. Stiftung Warentest, 2. akt. Aufl., Berlin 2020, S. 45.

Weltmärkte eignen sich aufgrund ihrer Größe als Grundstock für ein Portfolio.

Der bekannteste Weltindex ist der MSCI World, auch Welt AG genannt. Er umfasst Aktien von über 1.600 Unternehmen aus 23 Industrieländern, die mit ihren Ursprungswährungen in den Index einfließen, unter anderem US-Dollar, Euro, japanischer Yen, britisches Pfund. Amerikanische Unternehmen sind mit über 60% am stärksten vertreten. Die Unternehmen gehören zum Beispiel den Branchen IT, Finanzen, Gesundheitswesen, Industrie, zyklische Konsumgüter an.

Der MSCI World startete am 31.12.1969 mit einem Basiswert von 100 Punkten. Am 12.02.2020 schloss der MSCI World mit einem neuen, vorläufigen Hoch von 2.434,95 Punkten. Danach führte die sich ausbreitende Corona-Pandemie innerhalb von nur 28 Handelstagen am 23.03.2020 zu einem Rückgang um 34,2 % auf 1.602,10 Punkte. Der MSCI World erholte sich schnell wieder. Am 02.09.2020 erreichte er ein neues Allzeithoch von 2.494,1 Punkten.[45]

Im Vergleich zum DAX bietet er eine deutlich größere Risikostreuung, weil er über 1.600 Unternehmen und mehrere Länder repräsentiert. Der DAX beinhaltet bis zur Reform 2021 lediglich 30 deutsche Unternehmen, im September wird die Anzahl auf 40 Aktiengesellschaften erhöht.

Die drei bekanntesten Weltindizes sind neben dem MSCI World der MSCI All Country World und der FTSE All World.

Im Unterschied zum MSCI World beinhalten der MSCI All Country World und der FTSE All World zusätzlich Unternehmen aus Schwellenländern.

---

45 Ohne Verfasser: MSCI World, in: Wikipedia (Stand: 21.10.2020), URL: https://de.wikipedia.org/wiki/MSCI_World [Abruf: 28.10.2020].

Übersicht „Weltindizes“

Indizes /Kriterien	**MSCI World**	**MSCI All Country World**	**FTSE All World**
Enthalten Aktien von	1.644 Unternehmen, aus 23 entwickelten Ländern	3.046 Unternehmen, aus 23 entwickelten und 26 Schwellen-ländern	3.925 Unternehmen, aus 47 Ländern (Industrienationen und Schwellenländer)
Wert-entwicklung 5 Jahre (p. a. in %) *	9,6 %	8,5 %	9,1 %
Top 3 Länder	USA (63,8 %), Japan (8,1 %), Großbritannien (5,3 %)	USA (56,3 %), Japan (7,2 %), Großbritannien (4,7 %)	USA (55,2 %), Japan (7,7 %), Großbritannien (5 %)
%-Anteil deutscher AGs	2,8 %	3,1 %	2,6 %
Top 3 Währungen	US-Dollar, Euro, japanischer Yen	US-Dollar, Euro, japanischer Yen	US-Dollar, Euro, japanischer Yen
Top 3 Branchen	IT, Finanzen, Gesundheits-wesen	IT, Finanzen, Gesundheits-wesen	Technologie, Konsumgüter, Finanzen
Top 3 Einzelaktien	Apple, Microsoft, Alphabet	Apple, Microsoft, Alphabet	Apple, Microsoft, Alphabet

Abbildung 27: "Weltindizes" (eigene Darstellung nach B. Wallstabe-Watermann u.a.: Anlegen mit ETF, Berlin 2020)

*bis 31.01.2020

Neben den großen Indizes gibt es auch solche, die Länder, Branchen, Regionen oder Unternehmen repräsentieren, die sich durch Gemeinsamkeiten auszeichnen.
Eine steigende Nachfrage besteht nach ETF auf sogenannte Nachhaltigkeitsindizes.
Diese schließen Unternehmen aus, die mit Waffen und Rüstungsgütern handeln oder von Kinderarbeit, Atomkraft, Alkohol, Tabak, Glücksspiel, Pornografie und Agrargentechnik profitieren.

Nachhaltigkeitsindizes:

- Nachhaltigkeitsindex 1: MSCI Socially Responsibility Index
- Nachhaltigkeitsindex 2: MSCI SR 5 % Issues Capped
  Bezieht sich auf eine Variante des Index, in der keine Aktie ein größeres Gewicht als 5 % einnehmen darf.
- Nachhaltigkeitsindex 3: MSCI Europe SRI
- Nachhaltigkeitsindex 4: MSCI Emerging Markets SRI

Die ETF für Ihr Portfolio können Sie anhand der folgenden Kriterien auswählen

ETF-Auswahlkriterien Teil 1

Kriterien	Bandbreite	
Marktindex	Teilmarkt	Weltmarkt
Anzahl der Unternehmen	30, wird im September 21 auf 40 erhöht (DAX)	Bis ca. 4.000 (FTSE All World)
Größe der Unternehmen im Portfolio	Mid Caps, Small Caps (mittlere und kleine Unternehmen)	Large Caps (große Unternehmen)
Risikostreuung über	x Unternehmen, 1 Land, x Branchen	x Unternehmen, x Länder, x Branchen
Verwendung von Dividenden	Thesaurierend: Die Dividende wird vom Fonds direkt wieder angelegt.	Ausschüttend: Die Dividende wird jährlich an die ETF-Investoren ausgeschüttet.
Art der Indexnachbildung	Physisch: Der ETF besteht tatsächlich aus Aktien.	Synthetisch: Der ETF wird auf Basis von Swap-Geschäften nachgebildet.
Trackingerror: Abweichung vom Vergleichsindex	Niedrig	Hoch
Gebühren	0,1 % p. a.	0,5 % p. a.

Abbildung 28: Kriterien zur ETF-Auswahl Teil 1 (eigene Zusammenstellung)

ETF-Auswahlkriterien Teil 2

Weitere Kriterien	Bandbreite
Rendite	Siehe Analysen Stiftung Warentest
Steuerliche Aspekte	Auf Basis der individuellen Situation zu beurteilen
ETF Anbieter	Je größer umso sicherer
ETF Größe	Je größer ein ETF selbst, desto unwahrscheinlicher, dass der ETF aufgelöst wird
Verfügbarkeit im Rahmen eines Sparplans	Große ETF eher als kleinere ETF

Abbildung 29: Kriterien zur ETF-Auswahl Teil 2 (eigene Zusammenstellung)

Um den Renditeanteil Ihres Portfolios auf eine breite Basis zu stellen, reicht schon ein großer ETF aus, der den Weltmarkt abbildet. Je nach Interessenlage können Sie Ihr Portfolio noch mit ETF erweitern, die Indizes von Teilmärkten repräsentieren. Achten Sie dabei auf die laufenden ETF-Gebühren.

Meine Empfehlung: Wenn Sie aktuelle geprüfte Informationen zu einzelnen ETF benötigen, nutzen Sie die Stiftung Warentest. Das Unternehmen bewertet im Auftrag der Bundesregierung das ETF-Angebot regelmäßig nach ausgewählten Kriterien, wie zum Beispiel Art der Dividendenverwendung, Risikoklasse, maximaler Verlust, Rendite pro Jahr und Kosten. Außerdem werden Top-ETF mit dem Hinweis „1. Wahl" versehen.

Teil 3

3. Intelligent investieren: Schritt für Schritt zur stressfreien Kapitalanlage

Herzlichen Glückwunsch! Sie haben Ihre Persönlichkeit erforscht und die grundlegenden Geldentscheidungen getroffen. Das notwendige Wissen haben Sie sich ebenfalls angeeignet. Sollten Sie sich nun mit voller Überzeugung auf die Strategie Buy - Hold and Rebalance - Benefit auf Basis von Aktien-ETF festlegen, beginnen Sie jetzt mit der Umsetzung, getreu dem Motto: Ich wollte es tun. Ich entschied mich, es zu tun. Ich tat es!

Sie starten mit der Fixierung der Eckpunkte Ihrer persönlichen Anlagestrategie. Danach erstellen Sie Ihren persönlichen Anlageplan und setzen diesen Schritt für Schritt in die Tat um.

Für den Start benötigen Sie Energie und einen ruhigen Verstand. Sie überwinden die administrativen Hürden einer Depoteröffnung und kaufen die ETF, für die Sie sich entschieden haben. Während der Phase Hold and Rebalance ist der Aufwand überschaubar. Nur einmal pro Jahr überprüfen Sie die Entwicklung Ihrer Geldanlage und nehmen gegebenenfalls Anpassungen vor. Am Ende dieser Phase, nachdem Sie Ihr Finanzziel erreicht haben, profitieren Sie von Ihrer Geldanlage. Sie entnehmen jährlich einen festgelegten Prozentanteil Ihres Vermögens, um davon Ihr Ziel zu leben.

Fixieren Sie nun die Eckpunkte Ihrer Vermögensstrategie und dann Ihren Plan. Dann starten Sie Ihre Investition.

Sie sind sehr gut vorbereitet und werden schnell damit fertig sein.

3.1 Ihre persönliche Vermögensstrategie

Sie haben sich in den vergangenen Kapiteln schon intensiv mit den verschiedenen Aspekten einer geeigneten Anlagestrategie beschäftigt, die zu Ihrer Persönlichkeit und Ihrem Traumziel passt.
Die Hauptarbeit ist getan!
Jetzt geht es nur noch darum, die verschiedenen Aspekte schriftlich festzuhalten, um so den Rahmen für Ihre zukünftigen Anlageentscheidungen und -handlungen zu fixieren.
Entscheiden Sie sich nun für die Kriterien, die Ihr Investment erfüllen soll, und stecken Sie so Ihren individuellen Rahmen ab. Tragen Sie Ihre Entscheidungen zu den einzelnen Aspekten in die folgende Tabelle ein.

Ihre persönliche Vermögensstrategie

Eckpunkte	Beispiel Strategie	Ihre Strategie
Zielbetrag	152.000 €	
Durchschnittsrendite	6,9 %	
Startbetrag	27.000 €	
Monatlicher Betrag	300 €	
Portfoliostruktur	Offensiv	
Startbetrag sicher	6.750 € (25 %)	
Startbetrag Rendite	20.250 € (75 %)	
Monatsbetrag Sicher	75 € (25 %)	
Monatsbetrag Rendite	225 € (75 %)	
Investitionszeitraum	18 Jahre max.	
Einstieg am	01.01.2022	
ETF-Risikostreuung	Bestmöglich	
ETF-Dividendenverwendung	Thesaurierend	
ETF-Start / -Index	Welt	
ETF-„Welt" Betrag	16.200 € (80 %)	
ETF individuell Betrag	4.050 € (20 %)	
ETF-Gebühren max.	0,5 % p. a.	
Beginn „Benefit"-Phase	Sobald Zielbetrag erreicht	
„Benefit"	5 %-Entnahme p. a.	
Marktausstieg	sukzessive	

Abbildung 30: Eckpunkte einer persönlichen Investmentstrategie (eigene Darstellung)

3.2 Ihr persönlicher Anlageplan

Ihr persönlicher Anlageplan enthält alle Aufgaben, die Sie im Rahmen Ihres „Geldanlage 40 +" - Projektes zu erledigen haben. Planen Sie sich dafür ausreichend Zeit ein. Ergänzen Sie die Termine, zu denen Sie die einzelnen Schritte abgearbeitet haben wollen.

Beachten Sie dabei, dass es auch Phasen gibt, in denen Sie nur warten können, etwa, bis eine Onlinebank Ihren Depoteröffnungsantrag geprüft und freigegeben hat. Berücksichtigen Sie das bei Ihrer Terminplanung.

Die aufwendigste Phase ist die Einstiegsphase. In dieser Phase treffen Sie die notwendigen Vorbereitungen und kaufen Ihre ersten ETF. Hierfür brauchen Sie Zeit und Energie. Der Vorteil besteht darin, dass Sie nur sehr wenig Zeit aufwenden müssen, während Sie die Anlage halten und schließlich davon profitieren.

Aktionsplanung

Mit Hilfe der nachfolgenden Übersichten planen Sie die Aufgaben, die Sie im Rahmen Ihres „Geldanlage 40 +” - Projektes einmalig oder jährlich ausführen müssen.

Aktionsplan „Vorbereitung“

Planen Sie zunächst die Auswahl und die Eröffnung Ihres Wertpapierdepots sowie die Geldbeträge, die Sie für den renditestarken und den Sicherheitsteil Ihres Portfolios überweisen möchten.

Aufgaben in der Vorbereitungsphase

	Wertpapierdepot eröffnen	**Erledigt am**
1	Kriterien für Depotauswahl festlegen	
2	Angebot der Depotbanken anhand der Kriterien prüfen	
3	Depotbank auswählen	
4	Wertpapierdepot eröffnen	

	Überweisungen tätigen	**Erledigt am**
1	Renditeanteil der Investitionssumme auf Verrechnungskonto überweisen	
2	Sicherheitsanteil auf Tagesgeldkonto parken	

Abbildung 31: Investmentplanung, Vorbereitung (eigene Darstellung)

Aktionsplan für Phase 1: „Buy“

Planen Sie nun die Einrichtung Ihres Startportfolios. Falls Sie den renditestarken Teil Ihres Portfolios durch Käufe von Themen-ETF individualisieren und den Sicherheitsteil vom reinen Tagesgeld auf andere sichere Anlageklassen umschichten möchten, ergänzen Sie Ihren Basisplan entsprechend.

Aufgaben in der “Buy”-Phase

	ETF Startportfolio zusammenstellen	**Erledigt am**
1	Kriterien für Produktauswahl festlegen	
2	ETF-Angebot anhand der Kriterien prüfen	
3	Welt-ETF auswählen	
4	ETF kaufen	

Optional

	ETF individuell ergänzen	**Erledigt am**
1	Gründe und Kriterien für Produktauswahl Renditeanteil-Ergänzung festlegen	
2	ETF-Angebot für Renditeanteil-Ergänzung anhand der Kriterien prüfen	
3	ETF für Renditeanteil Ergänzung auswählen	
4	Basisdepotaufteilung durch Ergänzungsprodukte vervollständigen	
5	ETF kaufen	

Optional

	Sicherheitsteil Portfolio umschichten	Erledigt am
1	Kriterien für Produktauswahl festlegen	
2	Angebot für Sicherheitsanteil anhand der Kriterien prüfen	
3	Produkte auswählen	
4	Aufteilung dokumentieren	
5	Produkte kaufen	

Abbildung 32: Investitionsplanung für die Buy-Phase (eigene Darstellung)

Noch ein Tipp: Der Teil Ihres Portfolios, der mit großen ETF zum Start gefüllt werden soll, ist der wichtigste (und einfachste). Konzentrieren Sie sich zunächst komplett darauf. Kaufen Sie die großen ETF. Entscheidend für Ihren Erfolg ist, dass Sie starten.

Aktionsplan für Phase 2: „Hold and Rebalance“

Stellen Sie sich nun vor, dass Sie über ein ETF-Portfolio verfügen, das bereits ein Jahr alt ist. Nun ist es an der Zeit zu prüfen, ob das Portfolio noch zu den persönlichen Voraussetzungen passt, mit denen sie gestartet sind. Planen Sie auch die jährliche Überprüfung der Ursprungsverteilung in den renditestarken und den Sicherheitsteil Ihres Portfolios ein, damit Sie handeln können, falls sich diese um mehr als 10 Prozentpunkte verändert hat. Planen Sie diese Aufgaben ab Jahr eins jährlich für die Haltezeit Ihrer Investition.

Jährliche Aufgaben in der "Hold and Rebalance" Phase

	Persönliche Voraussetzungen prüfen	**Erledigt am**
1	Prüfen, ob sich die persönlichen Voraussetzungen geändert haben	
2	Falls ja, Portfolioaufteilung anpassen	
3	ETF kaufen oder verkaufen	

	Marktlage prüfen	**Erledigt am**
1	Prüfen, inwieweit sich die Verteilung in sicher und renditestark verändert hat	
2	Falls Änderung > 10 Prozentpunkte ursprüngliche Verteilung wiederherstellen	
3	Prüfen, ob Ergänzungs-ETF sinnvoll: falls ja, weiter mit individuellen ETF, falls nein, Lücke mit Start-ETF auffüllen	

Abbildung 33: Investitionsplanung für die Hold and Rebalance-Phase (eigene Darstellung)

Aktionsplan für Phase 3: „Benefit“

Sind Sie planerisch am Ende der Laufzeit angekommen oder haben Ihren Zielbetrag erreicht, dann beenden Sie Ihren ETF-Sparplan oder starten direkt mit der jährlichen Entnahme.

Jährliche Aufgaben in der “Benefit” Phase

	Jährlich 5% entnehmen	**Erledigt am**
1	Beginn der Entnahmephase festlegen	
2	Jährlich 5 % des renditestarken Portfolioanteils verkaufen	
3	Von der Entnahme profitieren	

Abbildung 34: Investitionsplanung für die Benefit-Phase (eigene Darstellung)

Noch ein Tipp: Bleiben Sie flexibel beim Ausstiegsdatum, um nicht in einer ungünstigen Marktphase den Sparplan auflösen oder die ETF verkaufen zu müssen.

3.3 Legen Sie los! Setzen Sie Ihre Planung in die Realität um

Ihre Strategie und Ihre Planung stehen. Es ist Zeit, zur Tat zu schreiten. Nun gibt es eine kleine administrative Hürde zu überwinden: Für Wertpapiergeschäfte benötigen Sie ein Depot. Ohne das können Sie an der Börse keine Aktien oder Fonds kaufen. Natürlich können Sie ein Depot bei Ihrer Hausbank eröffnen. Günstiger erhalten Sie es jedoch in der Regel bei einer Onlinebank. Als dritte Alternative kommen spezialisierte Fondsdepotbanken infrage.

Eröffnen Sie Ihr Wertpapierdepot

Treffen Sie Ihre Depotauswahl nach Kriterien, die Sie vorab für sich festlegen. Für den Erfolg Ihrer Geldanlage sind die Höhe der Gebühren und die Erreichbarkeit wichtig.

Auswahlkriterien für die Depotauswahl

- 0 € laufende Gebühren auf Bestände
- Niedrige Transaktionskosten für den Verkauf der Bestände, besser Fixum als Prozentbetrag
- Bequem über das Internet 24/7 erreichbar

Für eine Einmalinvestition bekannte günstige Onlinebanken sind Onvista, ING-DiBa, Comdirect. Es kommen auch überregionale Filialbanken in Frage, wie zum Beispiel GLS Bank, Postbank, Degussa.

Vergleichen Sie die Konditionen dreier Onlinebanken mit denen dreier Filialbanken sowie einer Fondsbank und entscheiden Sie sich auf dieser Basis für eine Bank.
Tragen Sie die Ergebnisse Ihrer Recherche in die folgende Tabelle ein.

Bankauswahl Einmalinvestition

Bank	Name der Bank	Name des Depots	Laufende Gebühren	Kosten pro Transaktion
Online				
Filiale				
Fondsbank				

Abbildung 35: Depotvergleich Einmalanlage (eigene Darstellung)

Beim Sparplan sind womöglich andere Banken attraktiver, weitere Kriterien kommen zum Tragen. Falls Sie sich also (auch) für einen Sparplan interessieren, treffen Sie dafür eine gesonderte Auswahl.

Bankauswahl Sparplan

Bank		**ETF-Angebot**	**Gesamte Jahreskosten für Depot und Sparplanausführung in Höhe von monatlich**		
			50 €	**200 €**	**500 €**
Online					
App					
Filiale					
Fonds					

Abbildung 36: Depotvergleich Sparplan (eigene Darstellung)

Entscheiden Sie sich für die Bank, die Ihre Kriterien am besten erfüllt und eröffnen Sie dann Ihr Wertpapierdepot in zwei Schritten.

Schritt 1: Füllen Sie den Eröffnungsantrag online aus

Lassen Sie sich dabei nicht von den Fragen zu Ihrem Kenntnis- und Erfahrungsstand hinsichtlich der Geldanlage abschrecken. Die Banken sind verpflichtet, solche Fragen zu stellen. Sie werden die Erfahrungen noch schnell genug sammeln.

Schritt 2: Identifizieren Sie sich mit Ihrem Personalausweis

Sie können sich entweder in einer Postfiliale (Postident-Verfahren) oder online per Webcam oder Handykamera (Videoident-Verfahren) identifizieren. Nach erfolgreicher Prüfung Ihres Antrags (Diese kann durchaus eine Woche in Anspruch nehmen.) durch die Bank bekommen Sie alle notwendigen Informationen, um mit dem Handel an der Börse loszulegen.

In der Regel gehört dazu auch ein Verrechnungskonto, auf das Sie sich Geld für Ihre Investments überweisen können, einmalig oder per Dauerauftrag.

Sollten Sie bereits ein Depot besitzen und Ihre Recherche hat günstigere Konditionen bei einer anderen Bank ergeben, wechseln Sie einfach. Ihre neue Bank zieht auf Basis Ihres Antrags Wertpapiere und ein etwaiges Guthaben auf dem Verrechnungskonto bei Ihrer jetzigen Depotbank ein.

Tätigen Sie die Überweisungen

Überweisen Sie den Teil Ihres Investitionsbetrags, mit dem Sie ETF kaufen wollen, auf das Verrechnungskonto Ihrer Depotbank. Parken Sie den Betrag für Ihren Sicherheitsanteil auf einem Tagesgeldkonto. Überweisen Sie jetzt diesen Betrag vom Giro- auf Ihr Tagesgeldkonto.

Kaufen Sie die Wertpapiere

In vier Schritten stellen Sie sich Ihr erstes ETF-Portfolio zusammen.

Schritt 1: Definieren Sie Ihre Kriterien für die ETF Auswahl

Legen Sie den Index, den der ETF nachbilden soll und Ihre bevorzugte Ausschüttungsmethode fest. Danach definieren Sie Ihre Renditeerwartung sowie die maximalen Fondkosten, die Sie zu tragen bereit sind.

Schritt 2: Prüfen Sie das ETF-Angebot für den Renditebasis-Baustein anhand Ihrer Kriterien

Ihre Welt-ETF Auswahl

Index/ Anbieter	ISIN	Verwendung Dividenden	Rendite	Kosten
MSCI World/				
MSCI All Country World/				
FTSE All World/				

Abbildung 37: Welt-ETF Auswahl (eigene Darstellung)

Schritt 3: Entscheiden Sie sich für ein oder 2 ETF auf Basis Ihrer Kriterien

Ihre Entscheidung

Index/ Anbieter	ISIN	Verwendung Dividenden	Rendite	Kosten

Abbildung 38: Welt-ETF Wahl (eigene Darstellung)

Schritt 4: Kaufen Sie jetzt die ETF, für die Sie sich entschieden haben

Eine Börsenorder geben Sie online wie folgt auf.

- ❑ Gehen Sie auf die Webseite Ihrer Internetbank und loggen Sie sich ein.
- ❑ Wählen Sie über die Suchfunktion das Wertpapier, das Sie kaufen möchten, anhand der ISIN-Nummer.
- ❑ Legen Sie die Stückzahl fest.
- ❑ Entscheiden Sie sich für einen Börsenplatz. In der Regel kann man einen ETF an mehreren Börsenplätzen kaufen. Einer der bekanntesten ist Xetra.
- ❑ Geben Sie den Preis ein, den Sie maximal zu zahlen bereit sind (Limit). Ihr Höchstpreis sollte in der Nähe des an der Börse gehandelten aktuellen Briefkurses liegen. Das ist der Kurs, zu dem Sie einen aktuellen ETF kaufen können.
- ❑ Prüfen Sie den Spread, das heißt die Differenz zwischen dem Geldkurs (Einkaufspreis) und dem Briefkurs (Verkaufspreis) auf Plausibilität.
- ❑ Drücken Sie den Kaufen-Button.

Einen Sparplan legen Sie wie folgt an

- ❑ Geben Sie die ISIN des ETF ein.
- ❑ Geben Sie den gewünschten Sparbetrag ein.
- ❑ Geben Sie den Turnus ein, in dem Sie sparen wollen.
- ❑ Drücken Sie den „Kaufen"-Button

Das Geld dafür wird automatisch von Ihrem Verrechnungs- oder Girokonto abgebucht.

Herzlichen Glückwunsch! Der Anfang ist gemacht. Sie sind ab heute an den Kapitalmärkten am Start. Sie sind ein Investor!

Der Kurs, zu dem Sie gerade Ihren ersten ETF gekauft haben, ist nun Ihr persönlicher Referenzpunkt. Die Kurse selbst entwickeln sich ständig weiter. Verfolgen Sie die Kursentwicklung Ihrer ETF mit einer App auf Ihrem Handy, damit Sie nicht von Pressemeldungen überrascht werden.

Aus Ihrer Sicht kann es jetzt nach oben oder nach unten gehen. Gerade am Anfang wird der Kursverlauf auch Ihre Gefühle beeinflussen. Gehen die Kurse nach oben, fühlen Sie sich großartig, weil Ihre ETF-Entscheidung richtig war. Gehen Sie nach unten, sind Sie frustriert bis zu Tode betrübt. Das ist normal. Zweifeln Sie nicht, bleiben Sie ruhig. Sie haben fundierte Entscheidungen getroffen. Mehr konnten Sie nicht tun. Fahren Sie erst nach mehreren Monaten mit den weiteren Schritten fort.

Individualisieren Sie Ihr Portfolio

Sie können Ihr Portfolio individueller gestalten. Ergänzen Sie es um ETF, die Ihre persönlichen Interessen und/oder Ihre Erwartungen über zukünftige Entwicklungen reflektieren.

Schritt 1: Verschaffen Sie sich Klarheit über Ihre Motive

- ❑ Sie wollen einen Ausgleich für das Übergewicht der USA im MSCI World in Ihrem Portfolio herstellen.
- ❑ Sie glauben an ein langfristig überdurchschnittliches Wachstum in Asien und anderen Schwellenländern und möchten davon profitieren.
- ❑ Sie wollen von den großen Herausforderungen der Menschheit profitieren: Überalterung der Gesellschaft, Klimawandel und Automatisierung.
- ❑ Sie streben den Ausgleich von Wertschwankungen durch Konjunkturschwankungen in Ihrem Portfolio an.
- ❑ Sie wollen nicht nur Großunternehmen, sondern auch kleinere und mittlere Unternehmen in Ihrem Portfolio vereinen.
- ❑ Sie wollen in Unternehmen, die nachhaltig produzieren, investieren.
- ❑ Sie wollen in Unternehmen, die eigene Aktien zurückkaufen, investieren.
- ❑ Sie möchten in Unternehmen investieren, die für ihre guten Dividendenausschüttungen bekannt sind.
- ❑ Sie wollen in bestimmte Rohstoffe wie zum Beispiel Gold investieren.

Bevor Sie loslegen: Bei der Entscheidung für ETF, die Ihr Portfolio ergänzen, vergessen Sie bitte nicht, dass Sie in Aktien investieren. Ein ETF ist nur ein Vehikel. Passen Sie auf, dass Sie die mit den großen ETF erzielte Diversifikation nicht wieder einschränken, indem Sie versehentlich über die Ergänzungs-ETF noch einmal in Unternehmen investieren, in die Sie bereits mit den Starter-ETF investiert haben.

Schritt 2: Prüfen Sie das ETF-Angebot

(1) ETF für bestimmte Länder und Regionen

Index/ Anbieter	**ISIN**	**Verwendung Dividenden**	**Rendite**	**Kosten**

(2) ETF für Schwellenländer

Index/ Anbieter	**ISIN**	**Verwendung Dividenden**	**Rendite**	**Kosten**

(3) ETF für Gesundheit, Wasser, Informations- und Robotertechnologie

Index/ Anbieter	**ISIN**	**Verwendung Dividenden**	**Rendite**	**Kosten**

(4) ETF für konjunkturabhängige und konjunkturunabhängige Unternehmen

Index/ Anbieter	ISIN	Verwendung Dividenden	Rendite	Kosten

Achtung: Nicht nur auf einen ETF setzen!

(5) ETF für kleine und mittelgroße Unternehmen

Index/ Anbieter	ISIN	Verwendung Dividenden	Rendite	Kosten

(6) ETF für nachhaltige Unternehmen

Index/ Anbieter	ISIN	Verwendung Dividenden	Rendite	Kosten

(7) ETF für rückkaufende Unternehmen

Index/ Anbieter	ISIN	Verwendung Dividenden	Rendite	Kosten

(8) ETF für Topdividenden auszahlende Unternehmen

Index/ Anbieter	ISIN	Verwendung Dividenden	Rendite	Kosten

(9) ETF für Rohstoffe gewinnende Unternehmen

Index/ Anbieter	ISIN	Verwendung Dividenden	Rendite	Kosten

Abbildung 39: 9 Möglichkeiten, ein ETF Portfolio zu individualisieren (eigene Darstellung)

Schritt 3: Entscheiden Sie sich für einen oder mehrere ETF

Achten Sie darauf, dass eine ETF-Position bei einer Einmalinvestition mindestens 1.000 € beträgt, damit Ihr Portfolio nicht zu kleinteilig wird. Zögern Sie nun nicht, Ihre Entscheidung in die Tat umzusetzen.

Schritt 4: Kaufen Sie die ETF nach, für die Sie sich entschieden haben.

Mit diesem Schritt ist die Hauptarbeit getan, die grundlegenden Entscheidungen sind getroffen.

Beispiel-Depot

Portfolio Aufteilung in %	**Portfolio Aufteilung in Euro**	**Rendite Aufteilung in %**	**Produkte**	**ISIN**	**Beträge in Euro**
Sicherheit 25 %	6.750 €				
Rendite 75 %	16.200 €	Start-ETF 80%			
	4.050 €	Individual-ETF 20%			
Gesamt	27.000 €				

Abbildung 40: Beispiel-Depot (eigene Darstellung)

Ihr Depot

Portfolio Aufteilung in %	**Portfolio Aufteilung in Euro**	**Rendite Aufteilung in %**	**Produkte**	**ISIN**	**Beträge in Euro**
Sicherheit					
Rendite		Start-ETF			
		Individual-ETF			
Gesamt					

Abbildung 41: Ihr Depot (eigene Darstellung)

So schichten Sie den Sicherheitsanteil um

Sie können den Sicherheitsanteil Ihres Portfolios von 100% Tagesgeld auf weitere Anlageklassen umschichten, müssen es jedoch nicht.

Schritt 1: Prüfen Sie die Alternativen zum Tagesgeld: Anleihen, Anleihen ETF und so weiter.
Schritt 2: Legen Sie die Kriterien für die Produktauswahl fest, wie zum Beispiel Werterhalt des eingesetzten Geldes, Laufzeit, Bonität des Schuldners, Kosten, Rendite.
Schritt 3: Entscheiden Sie sich für konkrete Produkte

Tagesgeld

Tagesgeldkonto	**Bank**	**Zinsen**	**Kosten**

Anleihen

Anleihe	**ISIN**	**Schuldner**	**Bonität**

Anleihe-ETF

Index/ Anbieter	**ISIN**	**Rendite 1 Jahr/5 Jahre**	**Kosten**

Abbildung 42: Tagesgeld und Alternativen (eigene Darstellung)

Falls die Zinsen wieder steigen, ist mit einem Sinken der Anleihekurse zu rechnen. Falls Sie das Risiko nicht eingehen wollen, bleiben Sie beim Tagesgeld.

Verwalten Sie Ihr Portfolio

Die Hold and Rebalance - Phase zieht sich über die gesamte Investitionszeit Ihrer Geldanlage, in unserem Beispiel über 18 Jahre. In dieser langen Zeit ist es sehr wichtig, dass Sie bei Ihrer ursprünglichen Kaufentscheidung bleiben und nicht in unüberlegtes Kaufen und Verkaufen verfallen. Erinnern Sie sich an die alte Börsenweisheit „Hin und Her macht Taschen leer."

Lassen Sie sich also nicht von Marktgeschehnissen und Pressemeldungen zu einer emotionalen Handlung verleiten. Besonders verführerisch sind auch Meldungen von ETF-Anbietern und Banken, die Ihnen neue ETF zu noch besseren Konditionen anbieten werden.

In dieser Phase ist es wichtig, Ihre Geldanlage zu überwachen und nur kontrolliert und zielgerichtet zu handeln. Gehen Sie dazu wie folgt vor.

Überprüfen Sie einmal pro Jahr, ob und inwieweit sich Ihre persönliche Situation verändert hat. Und ob diese Änderung Einfluss auf Ihre Geldanlage haben sollte.

Persönliche Situation

Persönliche Kriterien	**Startpunkt**	**Startpunkt + 1 Jahr**	**Startpunkt + 2 Jahre**
Risikoneigung			
Risikotragfähigkeit			
Monatliche Sparrate			

Abbildung 43: Überprüfung der persönlichen Ausgangssituation (eigene Darstellung)

Überprüfen Sie ebenfalls einmal pro Jahr, ob Ihre Portfolioaufteilung noch zu Ihrer ursprünglichen Entscheidung passt.

Veränderung Portfolio

Portfolio	**Start-punkt in %**	**Start-punkt in €**	**Start-punkt + 1 Jahr in €**	**Start-punkt + 1 Jahr in %**	**Ver-änderung in Prozent-punkten**
Anteil Sicherheit	25 %	6.750 €	6.750 €	40 %	+15 %
Anteil Rendite	75 %	20.250 €	10.000 €	60 %	-15 %
Gesamt	100 %	27.000 €	16.750 €	100 %	0 %

Abbildung 44: Beispielhafte Überprüfung der Veränderung in der Depotaufteilung nach einem Jahr (eigene Darstellung)

In dem obigen Beispiel gibt es eine Verschiebung zwischen der Portfolioaufteilung nach einem Jahr im Vergleich zum Ausgangsportfolio in Höhe von 15 Prozentpunkten. Aufgrund ungünstiger Marktentwicklungen hat sich der Wert des Renditeteils Ihres Portfolios mehr als halbiert. Kein Grund zur Panik! Sie wissen, was zu tun ist.

Da die Verschiebung größer als 10 Prozentpunkte ist, werden Sie aktiv und stellen durch Kaufen und Verkaufen die ursprüngliche prozentuale Aufteilung wieder her.

In unserem Beispiel geht das wie folgt

Portfolio	**Veränderung in €**	**Anpassung: Sicherheit verkaufen, Rendite kaufen**	**Ziel-Aufteilung + 1 Jahr in €**	**Start-Aufteilung + 1 Jahr in %**
Anteil Sicherheit	0 €	-2.562 €	4.188 €	25 %
Anteil Rendite	-10.250 €	+2.562 €	12.562 €	75 %
Gesamt	-10.250 €	0 €	16.750 €	100 %

Abbildung 45: Beispielhafte Anpassung der Depotaufteilung nach einem Jahr (eigene Darstellung)

Der Charme dieser Methode liegt darin, dass Sie gegen den Trend handeln. Gab es einen Kurseinbruch an der Börse und sind die Aktien-ETF dadurch stark im Wert gefallen, haben sie auch ein geringeres Gewicht im Portfolio als in der Startaufstellung. Jetzt können Sie Aktien-ETF günstig nachkaufen. Das Geld dafür nehmen Sie aus dem Sicherheitsanteil.

Profitieren Sie von Ihrer Geldanlage

Sie erinnern sich an das Beispiel aus Kapitel 1.2: Ihr Zielwert ist erreicht! Sie entnehmen jährlich 5 % und leben mit dem Geld Ihren Traum, ohne die Substanz Ihrer Investition anzugreifen. Ganz nebenbei haben Sie sich durch das Investieren mit Aktien-ETF ein kleines Vermögen geschaffen und für Ihr Alter vorgesorgt.

Starten Sie mit der Entnahme, sobald Sie Ihren Zielbetrag erreicht haben oder am Ende der Laufzeit Ihrer Geldanlage.

Berechnen Sie jährlich Ihren Entnahmebetrag, indem Sie in jedem Entnahme-Jahr Ihr Vermögen mit 5% multiplizieren.

Im Beispiel würde die Rechnung im Jahr 1 wie folgt aussehen:

152.000 € x 5% = 7.600 €

Dann ginge es wie folgt weiter:

Jahr 1: 152.000 € - 7.600 € (5 %) = 144.400 x 1,069 = 154.364 €

Jahr 2: 154.364 € - 7.718 € (5 %) = 146.646 € x 1,069=156.764 €

Jahr 3: 156.764 € - 7.838 € (5 %) = 148.926 € x 1,069 =159.202 €

u. s. w.

Nähert sich diese Lebensphase ihrem Ende und /oder Sie wollen aus dem Markt aussteigen, bedenken Sie Folgendes: Am Ende der geplanten Laufzeit Ihrer Investition beziehungsweise zum Ende Ihres Sparplans können sich Wirtschaft und Aktienmarkt in jeder möglichen Konjunkturphase befinden. Wenn gerade Hochkonjunktur herrscht und die Aktienkurse Allzeithochs ansteuern, ist das großartig für Sie. Dann können Sie zum bestmöglichen Kurs mit dem größtmöglichen Gewinn Ihre Aktien-ETF verkaufen.
Wenn das Ende in einer rezessiven Phase liegt und Sie genau dann aussteigen (müssen), verlieren Sie zum Schluss möglicherweise viel Geld – Geld, für das Sie bestimmt andere Pläne haben. Um diese Situation zu vermeiden, verzichten Sie auf ein festes Marktaustrittsdatum. Lassen Sie sich Zeit.
Wenden Sie eine Faustformel an, wie zum Beispiel: 100 minus Lebensalter = Aktienanteil Ihres Portfolios. Auf diese Weise gehen Sie sukzessive aus dem Markt.

Schlusswort

Herzlichen Glückwunsch, Sie haben es geschafft! Sie haben Investmententscheidungen getroffen, Ihre ersten ETF gekauft. Der Anfang ist vollbracht. Sie kennen nun den Weg, um Ihr Traumziel zu erreichen sowie Vermögen und eine Altersvorsorge. Gehen Sie diesen Weg voller Selbstvertrauen. Sie sind nicht mehr auf vermeintliche Supertipps und externe Beratungen angewiesen und lassen sich so schnell nicht mehr aus der Ruhe bringen. Sie investieren selbstbestimmt auf Basis der erworbenen Kompetenzen und Ihrer Entscheidungen.

Falls Fragen auftauchen oder der jährliche Checkpunkt ansteht, nehmen Sie das Buch wieder zur Hand und unternehmen das, was nötig ist. Genauso mache ich das auch.

Haben Ihnen meine Ausführungen gefallen? Konnten Sie von meinen Erfahrungen und Erkenntnissen profitieren?

Falls ja, möchte ich Sie herzlich einladen, das Buch positiv bei Amazon zu bewerten.

Falls sich aus der Lektüre Fragen ergeben haben, die Sie gerne mit mir besprechen möchten oder falls Sie eine persönliche Begleitung bei der Umsetzung Ihres „Geldanlage 40 +“ - Projektes durch mich wünschen, erreichen Sie mich über meine E-Mail-Adresse.

CSchremb@geldanlage40plus.de

Weitere Informationen finden Sie auf www.geldanlage40plus.de.
Ich freue mich darauf, von Ihnen zu hören.
Bis bald
Christine Schremb

Über die Autorin

Christine Schremb, 1967 in Rheinland-Pfalz geboren, ist Diplom-Kauffrau. Nach ihrem Betriebswirtschaftsstudium an der Universität Mannheim arbeitete sie über 15 Jahre im Bereich „Controlling und Finanzen“, davon 13 Jahre bei Accenture, einem der weltweit größten IT-Dienstleister. Das Management der Finanzen blieb Kern ihrer beruflichen Tätigkeit, auch als Geschäftsführerin eines mittelständischen Bildungsanbieters. Nachdem Frau Schremb, getreu dem Motto: „Sicher ist sicher“, über Jahrzehnte Geld auf einem Tagesgeldkonto gesammelt und sich auf das Beobachten der Aktienkurse und studieren der Fachliteratur beschränkt hatte, war sie bereit, ihre eigene, sichere und intelligente Anlagestrategie zu entwickeln. Auf dieser Basis begann Sie schließlich, mit Aktien-ETF zu investieren. Heute betrachtet sie als Autorin das Thema inzwischen speziell aus der Perspektive von Privatpersonen ihrer Generation. Sie erarbeitete für sich und ihre Altersgenossen eine Investitionsstrategie, die den speziellen Anforderungen der Menschen in der Altersgruppe 40 + an eine Geldanlage Rechnung trägt.

So setzte sie ihre langjährigen beruflichen und privaten Erfahrungen im Umgang mit Geld ein, um ihren Lesern zu helfen, (möglichst) nur noch gute Geldentscheidungen zu treffen.

Christine Schremb lebt mit Mann und Dackel in Hamburg.

Anhang

Haftung für externe Links

Das Buch enthält Links zu externen Webseiten Dritter, auf deren Inhalt die Autorin keinen Einfluss hat. Deshalb kann für die Inhalte externer Inhalte keine Gewähr übernommen werden. Für die Inhalte der verlinkten Webseiten ist der jeweilige Anbieter oder Betreiber der Webseite verantwortlich. Die verlinkten Seiten wurden zum Zeitpunkt der Verlinkung auf mögliche Rechtsverstöße überprüft. Rechtswidrige Inhalte waren zum Zeitpunkt der Verlinkung nicht erkennbar. Eine permanente inhaltliche Kontrolle der verlinkten Webseiten ist jedoch ohne konkrete Anhaltspunkte einer Rechtsverletzung nicht zumutbar. Bei Bekanntwerden von Rechtsverletzungen werden derartige Links umgehend entfernt.

Literaturverzeichnis

Achor, Shawn: Das Happiness-Prinzip. Wie Sie mit 7 Bausteinen der Positiven Psychologie erfolgreicher und leistungsfähiger werden, Kandern 2020.

Auszug aus dem Test „Kennen Sie Ihre Risikopersönlichkeit", in: Brigitte. Finanzen Spezial, 01/2020, S. 51. (Copyright: Test und Auswertung 2020 – tetralog systems AG).

Dahlke, Rüdiger: Die Psychologie des Geldes. Erfolgreicher und glücklicher mithilfe der Lebensgesetze, München 2011.

Dalio, Ray: Productivity and structural reform. Why countries succeed and fail, and what should be done so failing countries succeed (Stand: 2017), URL: https://economicprinciples.org/downloads/ray_dalio__how_the_economic_machine_works__leveragings_and_deleveragings.pdf [Abruf: 14.10.2020].

Eckert, Daniel und Zschäpitz, Holger: Finanzen im Alter. Die Freiheits-Formel, in: Welt am Sonntag, 24/2020, 14.06.2020, S. 35.

Familie und Money Mindset, in: I am by Laura Malina Seiler, 02/2020, S. 78 ff.

Fredrickson, Barbara L.: Die Macht der guten Gefühle. Wie eine positive Haltung ihr Leben dauerhaft verändert, Frankfurt/M., New York 2011.

Gigerenzer, Gerd: Risiko. Wie man die richtigen Entscheidungen trifft, München 2013.

Harris, Russ: Raus aus der Glücksfalle. Ein Umdenk-Buch in Bildern, 3. Aufl., München 2014

Horvath, Michael: Produktivität, in: Gabler Wirtschaftslexikon (Stand: 19.02.2018), URL: https://wirtschaftslexikon.gabler.de/definition/produktivitaet-46151/version-269437 [Abruf: 14.10.2020].

Kling, Marc-Uwe: Die Känguru-Chroniken, Band. 3: Die Känguru-Offenbarung, Berlin 2014.

Kommer, Gerd: Souverän investieren für Einsteiger. Wie Sie mit ETFs ein Vermögen bilden, Frankfurt/M. 2018.

Kostolany, Andre: Die Kunst, über Geld nachzudenken, 9. Aufl., Berlin 2015.

Krempel, Annika: Finanzen verstehen. 100 Infografiken zu Versicherungen, Steuern und Geldanlagen, hrsg. v. Stiftung Warentest, Berlin 2020, S. 22 f. (Beispiel nach der Grafik „Stand: 31. März 2020" (Quellen: Refinitiv, eigene Simulationen)).

Mallouk, Peter: The Path. Accelerating Your Journey to Financial Freedom, New York 2020.

Meissner, Philip: Entscheiden ist einfach. Wenn man weiß, wie es geht, Frankfurt/M., New York 2019.

Ohne Verfasser: Big Five (Psychologie), in: Wikipedia (Stand: 19.10.2020), URL: https://de.wikipedia.org/wiki/Big_Five_(Psychologie) [Abruf: 26.10.2020].

Ohne Verfasser: DAX-Index: Benchmark und Barometer für die deutsche Wirtschaft, in Deutsche Börse (Stand: 09.03.21), URL: https://deutsche-boerse.com/dbg-de/media/deutsche-boerse-spotlights/spotlight/DAX-Index-Benchmark-und-Barometer-f-r-die-deutsche-Wirtschaft-148654, [Abruf: 09.03.2021].

Ohne Verfasser: MSCI World, in: Wikipedia (Stand: 21.10.2020), URL: https://de.wikipedia.org/wiki/MSCI_World [Abruf: 28.10.2020].

Ohne Verfasser: Offerio.de, Finanzrechner und Basiswissen, URL: https://www.zinsen-berechnen.de/sparrechner.php, [Abruf: 20.03.2021].

Pape, Ulrich: Investition, in: Gabler Wirtschaftslexikon (Stand: 15.02.2018), URL: https://wirtschaftslexikon.gabler.de/definition/investition-39454/version-262862 [Abruf: 14.10.2020].

Robbins, Tony: Money. Die 7 einfachen Schritte zur finanziellen Freiheit, 2. Aufl., München 2015.

Schäfer, Andreas: Wachstum, in: Gabler Wirtschaftslexikon (Stand: 19.02.2018), URL: https://wirtschaftslexikon.gabler.de/definition/wachstum-48617/version-271868 [Abruf: 14.10.2020].

Sprenger, Reinhard K.: Die Entscheidung liegt bei dir! Wege aus der alltäglichen Unzufriedenheit, 13. Aufl., Frankfurt/M., New York 2004.

Daniel Stelter: Manager Magazin, Warmlaufen für den Schuldenschnitt, 13.02.21 https://www.manager-magazin.de/politik/weltwirtschaft/warmlaufen-fuer-den-schuldenschnitt-a-421819f0-0ce4-4977-b5b5-8b9c2ff4792f [Abruf: 14.03.2021].

Wallstabe-Watermann, Brigitte u. a.: Anlegen mit ETF. Geld bequem investieren mit ETF und Indexfonds, hrsg. v. Stiftung Warentest, Berlin 2020.

Wienkamp, Herbert: Anreiz, Risiko, Ruin. Finanzpsychologie für jedermann, Berlin 2019.

Abbildungsverzeichnis